신나라 부경 한국어

채영희 지음

04

Indonesian

신나라
부경 한국어

여는 글

부경대학교 언어교육원이 한국어 교육을 시작한 지 올해가 10년이 되는 해입니다. 대마도 고등학교 학생들이 부경대학교에 입학하면서 한국어 교육을 시작하게 된 그날의 기억이 새롭습니다. 집안에 가보로 간직한 한국어 문서를 자기 목소리로 읽고 싶다고 하시던 일본 할아버지도 기억납니다. 그분들의 새로운 언어를 배우고자 하던 열정이 한국어를 더 많이 가르쳐 드리고 싶다는 열정에 뒤질까 노심초사 하던 시간들이 오늘까지 이어지고 있습니다.

한국의 위상이 높아짐에 따라 한국어를 배우고자 하는 열기는 이제 아시아를 넘어 세계로 향하고 있습니다. 한국어를 가르치는 일을 하면서 항상 느끼는 것은 한글에 대한 자부심입니다. 온 세계에 가장 자랑하고 싶은 한글을 세계인에게 알리는 최전선에 있다는 사실이 우리 한국어 선생님들의 자랑입니다. 한글 창제의 과학적 원리와 아름다운 조형성을 생각하면 한글을 창제하신 세종대왕의 백성 사랑하신 마음이 전해져 옵니다. 또한 어려운 시절 우리말과 글, 그리고 얼을 목숨을 다해 지켜내신 선각자 여러분들의 애틋한 마음도 함께 합니다.

지금 부경대학교에는 50여 나라에서 온, 천여 명의 유학생이 자신의 미래를 위한 준비를 열심히 하고 있습니다. 이들에게 도움을 주고자 초급 부경 한국어는 현재 14개국의 언어로 만들었습니다. 초급의 경우는 모국어의 도움이 필요하다고 생각되어 한국어와 각 나라의 언어로 만들었습니다. 이 과정에서 많은 유학생과 한국어 선생님들의 도움이 있었습니다. 도움을 주신 분들께 깊이 감사드립니다.

각 과는 준비단계에 그림을 통해 어휘를 쉽게 익히도록 배려하였으며, 역할극을 통해 언어기능에 중점을 둔 학습활동을 하도록 하였습니다. 그리고 각 과의 목표문법을 익힌 다음 확인 학습을 통해 배운 내용을 완전히 익히도록 하였습니다. 덤으로 문화에 대한 내용을 덧붙여 한국에 대한 흥미를 지니도록 구성하였습니다.

이 책이 세상에 나오도록 정성을 다해 도와준 분들이 많이 있습니다. 표지를 멋지게 디자인해 주신 디자인학과의 홍동식 교수님, 부드러운 목소리로 한국어의 아름다움을 세상에 알리는데 기꺼운 마음으로 도와주신 선호제님과 김새해님, 따뜻한 그림으로 책을 멋지게 만들어 주신 하늘기획 여러분, 그리고 책을 출판할 수 있도록 재정적 지원을 해주신 부경대학교 교육역량 사업단과 이 번거로운 일을 마다하지 않고 도와준 홍보협력과 여러분과 편집위원 여러분께 깊은 감사를 드립니다.

부경대학교 한국어 책임교수 _ 채 연 히

일러두기

Perkenalan

제1과 소개하기

Daftar kosakata 그림사전

명사	Kata benda
국적	Kewarganegaraan
나라	Negara
남자	Laki-laki
인도네시아	India
번호	Nomor
사람	Orang
사진	Foto
선생님	Guru
세계	Dunia
여권	Paspor
여자	Perempuan
의사	Dokter
이름	Nama
인도네시아	Indonesia
지도	Peta
직업	Pekerjaan
책	Buku
친구	Teman
학교	Sekolah
학생	Pelajar
한국	Korea Selatan
회사원	Pegawai perusahaan

동사	Kata kerja
소개하다	Memperkenalkan
인사하다	Memberi salam

기타	Tambahan
~이다	adalah

1 준비단계 : 어휘 익히기

각 과에서 학습해야 할 어휘 목록을 품사 별로 정리한 것이다. 각 단어의 발음은 부경대학교 언어교육원 홈페이지에서 들을 수 있다.

• 각 과의 내용 이해를 돕는 주요 어휘를 그림으로 학습한다.

Dialog 대화

안녕하세요? 제 이름은 안톤이에요. Apa kabar? Nama saya Anton.

유진: 안녕하세요? 저는 유진이에요.
Apa kabar? Saya Yujin.
이름이 뭐예요? Nama anda siapa?
안톤: 안녕하세요? 제 이름은 안톤이에요.
Apa kabar? Nama saya Anton.
유진: 안톤 씨는 어디에서 왔어요?
Anton datang dari mana?
안톤: 인도네시아에서 왔어요.
Saya dari Indonesia.
유진: 지금 어디에 살아요? Sekarang tinggal dimana?
안톤: 기숙사에 살아요. Di asrama.
유진: 만나서 반가워요. Senang bertemu dengan anda.
안톤: 저도 만나서 반가워요. Saya juga.

어휘 및 표현

저	Saya	지금	Sekarang
이름	Nama	기숙사	Asrama
뭐(=무엇)	Apa	안녕하세요?	Apa kabar?
~씨	Tuan / Nyonya	N에서 왔어요.	Datang dari N.
어디	Dimana	N에 살아요.	Tinggal di N.
인도네시아	Indonesia	만나서 반가워요.	Senang bertemu dengan anda.

2 말하기 : 역할극 하기

특정 상황의 대화를 익히고 응용할 수 있다. 대화내용은 부경대학교 언어교육원 홈페이지에서 들을 수 있다.

• 대화에 나온 어휘와 표현을 정리하여 학습자의 이해를 돕는다.

Tatabahasa 문법

1. N이에요/예요

Dengan menggunakan '–이에요/예요", kata benda dapat diubah menjadi kata kerja. Jika kata benda diakhiri dengan konsonan (Struktur V1C1 dan C1V1C2) menggunakan '–이에요', dan kalau diakhiri dengan vokal (V1 dan C1V1) menggunakan '예요'

V_1C_1 또는 $C_1V_1C_2$		V_1 또는 C_1V_1	
약 사람	+ 이에요	우유 남자	+ 예요

예

• 이것은

이것은 책이에요.

Ini adalah buku

• 안톤 씨는

안톤 씨는 남자예요.

Anton adalah laki-laki

3 목표 문법 제시 : 문법 익히고 활용하기

• 다양한 활동을 통해 문법을 학습한다.

Latihan Tatabahasa 문법 연습 ❶

1. 문장을 완성하세요.

예 이것, 책 → 이것은 책이에요.

① 이것, 사진 →

② 이것, 지도 →

③ 이 사람, 회사원 →

④ 이 사람, 의사 →

4 확인 학습 : 문법

• 학습 문법을 이용해 다양한 의사소통 활동을 유도한다.

Kosakata & Ekspresi 어휘 & 표현 ❶

1. 【보기】에서 그림에 알맞은 단어를 찾아 쓰세요.

5 확인 학습 : 어휘와 표현

• 학습 어휘를 이용해 주제와 관계 있는 이야기를 구성해 본다.

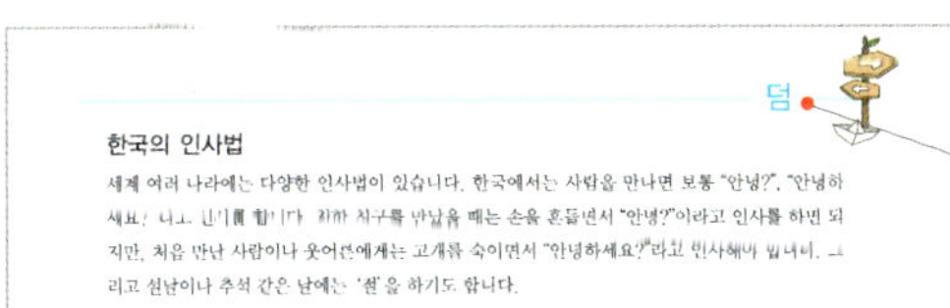

덤

한국의 인사법

세계 여러 나라에는 다양한 인사법이 있습니다. 한국에서는 사람을 만나면 보통 "안녕?", "안녕하세요?" 라고 인사를 합니다. 친한 친구를 만났을 때는 손을 흔들면서 "안녕?"이라고 인사를 하면 되지만, 처음 만난 사람이나 웃어른에게는 고개를 숙이면서 "안녕하세요?"라고 인사해야 합니다. 그리고 설날이나 추석 같은 날에는 '절'을 하기도 합니다.

6 문화 알기

• 한국의 문화를 소개하여 학생들에게 한국어에 대한 흥미를 가지도록 한다.

차례 Daftar Isi

예비편 | 한글 Abjad Korea

제1과 | 소개하기 : N이에요/예요, N이/가 아니에요 14

제2과 | 여러 가지 사물 : N이/가, N은/는, N을/를 20

제3과 | 학교생활 : V · A아/어/여요, 안 V · A 28

제4과 | 숫자 말하기 : 한자어 숫자, 고유어 숫자 36

제5과 | 하루 일과 : V · A았어요/었어요/였어요 42

제6과 | 교통수단 이용하기 : V(으)세요, V지 마세요 48

[Referensi] N, V, A masing-masing menerangkan Kata benda, Kata kerja, dan Kata sifat yang membantu dalam menjelaskan tata bahasa dalam buku ini.

N : Kata benda 명사 | V : Kata kerja 동사 | A : Kata sifat 형용사

제7과	전화하기 • 약속하기 : V(으)ㄹ까요?, V(으)ㅂ시다	54
제8과	주말활동 : V · A(으)ㄹ 거예요	60
제9과	병원가기 : V · A고	66
제10과	식당가기 : V고 싶다	72
제11과	물건사기 : V아/어/여도 돼요?	78
제12과	높 임 말 : N께서 V · A(으)세요	84
	부록	91
	연습문제 정답	101

● 한글 Abjad Korea

1 모음 | Huruf hidup

글자	발음	글자	발음	글자	발음
ㅏ	a [a]	ㅠ	yu [ju]	ㅘ	wa [wa]
ㅑ	ya [ja]	ㅡ	eu [ɨ]	ㅙ	wae [wæ]
ㅓ	eo [ə]	ㅣ	i [i]	ㅚ	oe [ö/we]
ㅕ	yeo [jə]	ㅐ	ae [æ]	ㅝ	wo [wə]
ㅗ	o [o]	ㅒ	yae [jæ]	ㅞ	we [we]
ㅛ	yo [jo]	ㅔ	e [e]	ㅟ	wi [ü/wi]
ㅜ	u [u]	ㅖ	ye [je]	ㅢ	ui [iɨ]

2 자음 | Huruf mati

글자	이름	발음	글자	이름	발음
ㄱ	기역	g,k [k]	ㅋ	키읔	k [kʰ]
ㄴ	니은	n [n]	ㅌ	티읕	t [tʰ]
ㄷ	디귿	d,t [t]	ㅍ	피읖	p [pʰ]
ㄹ	리을	r,l [r,l]	ㅎ	히읗	h [h]
ㅁ	미음	m [m]	ㄲ	쌍기역	kk [k']
ㅂ	비읍	b,p [p]	ㄸ	쌍디귿	tt [t']
ㅅ	시옷	s [s]	ㅃ	쌍비읍	pp [p']
ㅇ	이응	ng [ŋ]	ㅆ	쌍시옷	ss [s']
ㅈ	지읒	j [ts]	ㅉ	쌍지읒	jj [ts']
ㅊ	치읓	ch [tsʰ]			

* 연습

	ㅏ	ㅓ	ㅗ	ㅜ	ㅡ	ㅣ	ㅐ	ㅔ	ㅚ	ㅟ
ㄱ	가	거	고	구	그	기	개	게	괴	귀
ㄴ	나	너	노	누	느	니	내	네	뇌	뉘
ㄷ	다	더	도	두	드	디	대	데	되	뒤
ㄹ	라	러	로	루	르	리	래	레	뢰	뤼
ㅁ	마	머	모	무	므	미	매	메	뫼	뮈
ㅂ	바	버	보	부	브	비	배	베	뵈	뷔
ㅅ	사	서	소	수	스	시	새	세	쇠	쉬
ㅇ	아	어	오	우	으	이	애	에	외	위
ㅈ	자	저	조	주	즈	지	재	제	죄	쥐
ㅊ	차	처	초	추	츠	치	채	체	최	취
ㅋ	카	커	코	쿠	크	키	캐	케	쾨	퀴
ㅌ	타	터	토	투	트	티	태	테	퇴	튀
ㅍ	파	퍼	포	푸	프	피	패	페	푀	퓌
ㅎ	하	허	호	후	흐	히	해	헤	회	휘
ㄲ	까	꺼	꼬	꾸	끄	끼	깨	께	꾀	뀌
ㄸ	따	떠	또	뚜	뜨	띠	때	떼	뙤	뛰
ㅃ	빠	뻐	뽀	뿌	쁘	삐	빼	뻬	뾔	뿌|
ㅆ	싸	씨	쏘	쑤	쓰	씨	쌔	쎄	쐬	쒸
ㅉ	짜	쩌	쪼	쑤	쯔	찌	째	쩨	쬐	쮜

3 받침 | Konsonan akhir

Konsonan akhir adalah huruf mati yang melekat dibawah huruf dalam sebuah suku kata. Semua huruf mati bisa dipakai sebagai konsonan akhir, tetapi cuma bisa dibaca dalam 7 nada, yaitu : ㄱ, ㄴ, ㄷ, ㄹ, ㅁ, ㅂ, ㅇ.

글자	발음	예
ㄱ, ㄲ, ㅋ	k	국, 밖, 부엌
ㄴ	n	산
ㄷ, ㅅ, ㅆ, ㅈ, ㅊ, ㅌ, ㅎ	t	닫다, 옷, 갔다, 낮, 꽃, 밭, 히읗
ㄹ	l	달
ㅁ	m	몸
ㅂ, ㅍ	p	집, 잎
ㅇ	ng	방

4 한국어 글자의 구조

1. V_1 구조 : 모음만으로 이루어진 글자

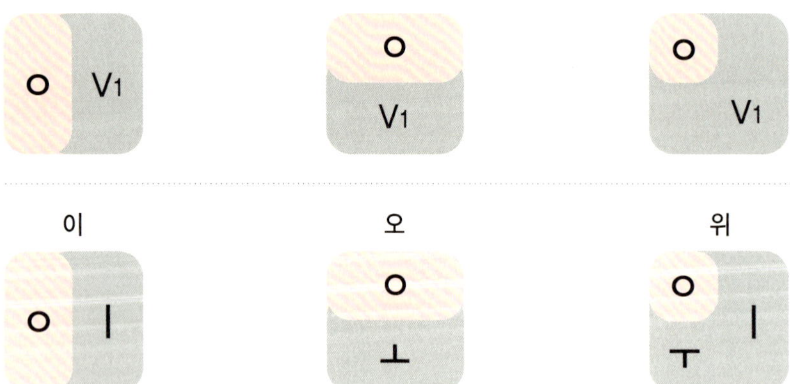

2. V_1C_1 구조

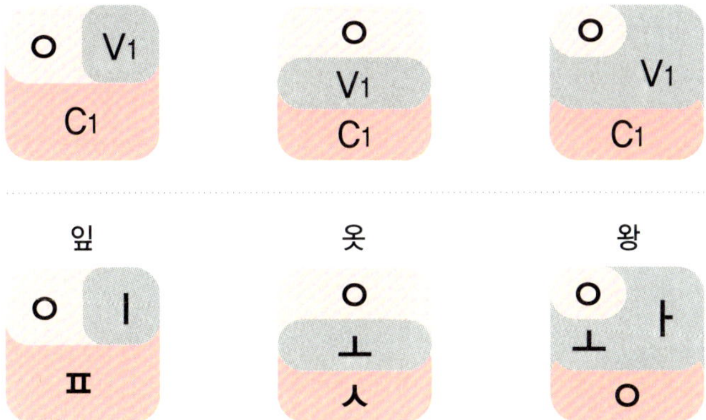

3. C_1V_1 구조

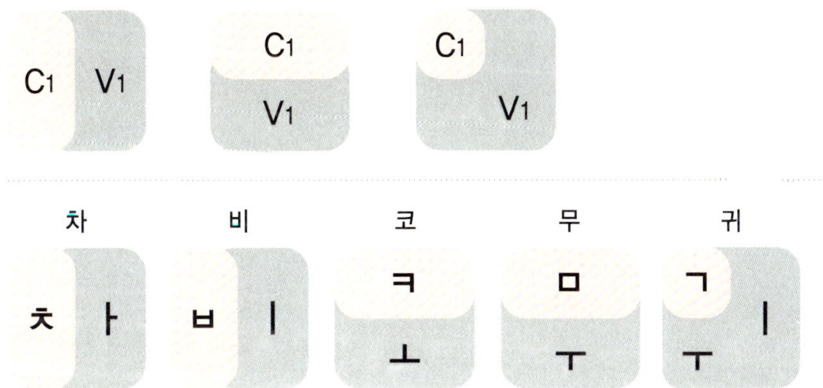

4. $C_1V_1C_2$ 구조

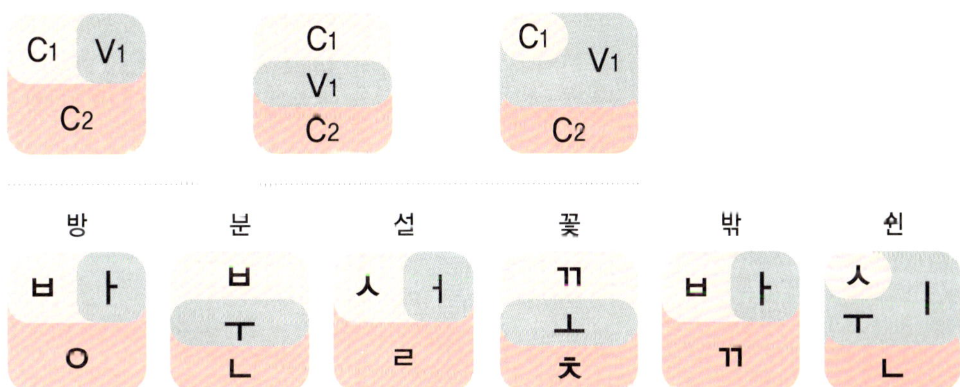

Perkenalan

제1과 소개하기

Daftar kosakata 그림사전

명사	Kata benda
국적	Kewarganegaraan
나라	Negara
남자	Laki-laki
인도네시아	India
번호	Nomor
사람	Orang
사진	Foto
선생님	Guru
세계	Dunia
여권	Paspor
여자	Perempuan
의사	Dokter
이름	Nama
인도네시아	Indonesia
지도	Peta
직업	Pekerjaan
책	Buku
친구	Teman
학교	Sekolah
학생	Pelajar
한국	Korea Selatan
회사원	Pegawai perusahaan

동사	Kata kerja
소개하다	Memperkenalkan
인사하다	Memberi salam

기타	Tambahan
~이다	adalah

인사하다

소개하다

Peta Dunia 세계지도

Paspor 여권

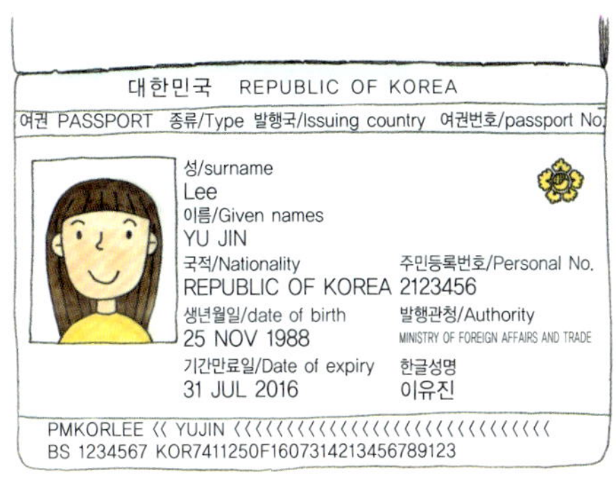

Pekerjaan 직업

선생님
Guru

학생
Pelajar

회사원
Pegawai perusahaan

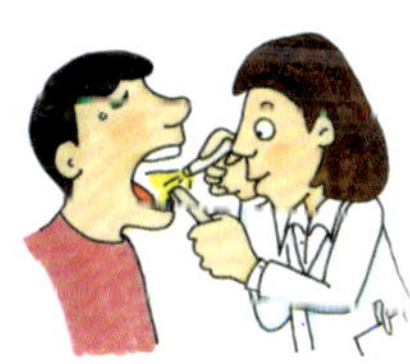

의사
Dokter

Dialog 대화

안녕하세요? 제 이름은 안톤이에요. Apa kabar? Nama saya Anton.

유진: 안녕하세요? 저는 유진이에요.
Apa kabar? Saya Yujin.
이름이 뭐예요? Nama anda siapa?
안톤: 안녕하세요? 제 이름은 안톤이에요.
Apa kabar? Nama saya Anton.
유진: 안톤 씨는 어디에서 왔어요?
Anton datang dari mana?
안톤: 인도네시아에서 왔어요.
Saya dari Indonesia.
유진: 지금 어디에 살아요? Sekarang tinggal dimana?
안톤: 기숙사에 살아요. Di asrama.
유진: 만나서 반가워요. Senang bertemu dengan anda.
안톤: 저도 만나서 반가워요. Saya juga.

어휘 및 표현

저	Saya	지금	Sekarang
이름	Nama	기숙사	Asrama
뭐(=무엇)	Apa	안녕하세요?	Apa kabar?
~씨	Tuan / Nyonya	N에서 왔어요.	Datang dari N.
어디	Dimana	N에 살아요.	Tinggal di N.
인도네시아	Indonesia	만나서 반가워요.	Senang bertemu dengan anda.

덤

한국의 인사법

세계 여러 나라에는 다양한 인사법이 있습니다. 한국에서는 사람을 만나면 보통 "안녕?", "안녕하세요?" 라고 인사를 합니다. 친한 친구를 만났을 때는 손을 흔들면서 "안녕?"이라고 인사를 하면 되지만, 처음 만난 사람이나 웃어른에게는 고개를 숙이면서 "안녕하세요?"라고 인사해야 합니다. 그리고 설날이나 추석 같은 날에는 절을 하기도 합니다.

Tatabahasa 문법

1. N이에요/예요

Dengan menggunakan '–이에요/예요", kata benda dapat diubah menjadi kata kerja. Jika kata benda diakhiri dengan konsonan (Struktur V1C1 dan C1V1C2) menggunakan '–이에요', dan kalau diakhiri dengan vokal (V1 dan C1V1) menggunakan '–예요'.

V_1C_1 또는 $C_1V_1C_2$	
약 사람	+ 이에요

V_1 또는 C_1V_1	
우유 남자	+ 예요

예

• 이것은

이것은 책이에요.

Ini adalah buku

• 안톤 씨는

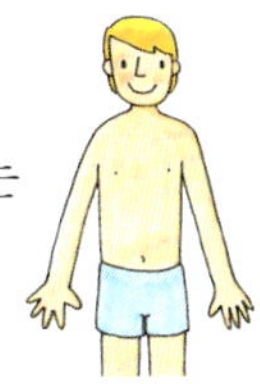

안톤 씨는 남자예요.

Anton adalah laki-laki

2. N이/가 아니에요

Bentuk negatif dari 'N이/가 아니에요' adalah 'N이/가 아니에요'. Jika kata benda diakhiri dengan konsonan (Struktur V1C1 dan C1V1C2) menggunakan 'N이 아니에요', dan kalau diakhiri dengan vokal (V1 atau C1V1) menggunakan 'N가 아니에요'.

V_1C_1 또는 $C_1V_1C_2$	
학생 교실	+ 이 아니에요

V_1 또는 C_1V_1	
아이 친구	+ 가 아니에요

예

• 유진 씨는

유진 씨는 선생님이 아니에요.

Yujin bukan guru.

유진 씨는 학생이에요.

Yujin adalah pelajar.

• 여기는

여기는 학교가 아니에요.

Ini bukan sekolah.

여기는 은행이에요.

Ini adalah bank.

Latihan Tatabahasa 문법 연습 ❶

1. 문장을 완성하세요.

예 이것, 책 → 이것은 책이에요.

① 이것, 사진 → ______________________

② 이것, 지도 → ______________________

③ 이 사람, 회사원 → ______________________

④ 이 사람, 의사 → ______________________

2. 문장을 완성하세요.

예 여기, 학교 → 여기는 학교가 아니에요.

① 그것, 책상 → ______________________

② 그것, 의자 → ______________________

③ 그 사람, 학생 → ______________________

④ 그 사람, 친구 → ______________________

3. 대화를 완성하세요.

예

가. 유진 씨는 미국 사람이에요?

나. 아니요, 미국 사람이 아니에요.

한국 사람이에요.

① 가. 안톤 씨는 의사예요?

나. 아니요, ______________________

____

② 가. 마이클 씨는 선생님이에요?

나. 아니요, ______________________

____

Kosakata & Ekspresi 어휘 & 표현 ❶

1. 【보기】에서 그림에 알맞은 단어를 찾아 쓰세요.

보기 여권, 지도, 책, 은행

① 

은행

② 

____

③ 

____

④ 

____

2. 【보기】에서 알맞은 표현을 골라 쓰세요.

보기 만나서 반가워요, 이름이 뭐예요?, 어디에 살아요?, 어디에서 왔어요?

유진 : 안녕하세요? 저는 유진이에요. ① ________

안톤 : 안녕하세요? 제 이름은 안톤에요.

유진 : 안톤 씨는 ② ________

안톤 : 인도네시아에서 왔어요.

유진 : ③ ________

안톤 : 기숙사에 살아요.

유진 : ④ ________

Berbagai Macam Barang

제2과 여러 가지 사물

Daftar kosakata 그림사전

명사	Kata benda
공책	Buku tulis
교실	Kelas
교통카드	Kartu angkutan umum
그것	Itu
눈	Mata
다리	Kaki
돈	Uang
머리	Kepala
머리카락	Rambut
무릎	Lutut
문	Pintu
방	Kamar
소지품	Barang pribadi
손	Tangan
신체	Tubuh
열쇠	Kunci
은행카드	Kartu ATM
이것	Ini
입	Mulut
저것	Itu
전자사전	Kamus elektronik
지갑	Dompet
창문	Jendela
책	Buku
책상	Meja
칠판	Papan tulis
코	Hidung
팔	Lengan
팔꿈치	Sikut
펜	Bolpen
학생증	Kartu pelajar
화장품	Kosmetik
휴대폰	Telepon genggam
휴지	Tissue

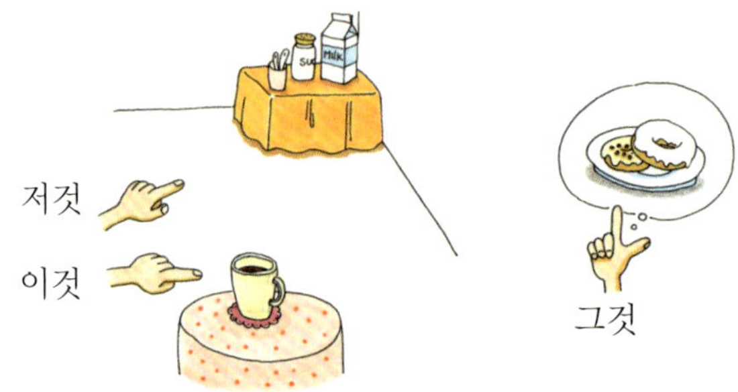

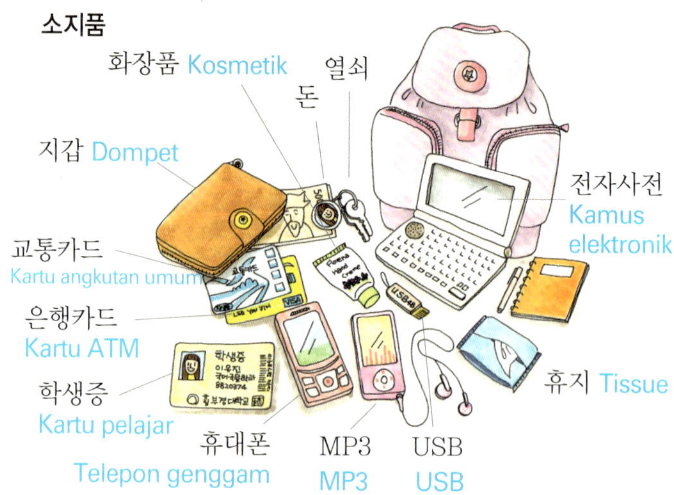

kelas 교실

tubuh 몸

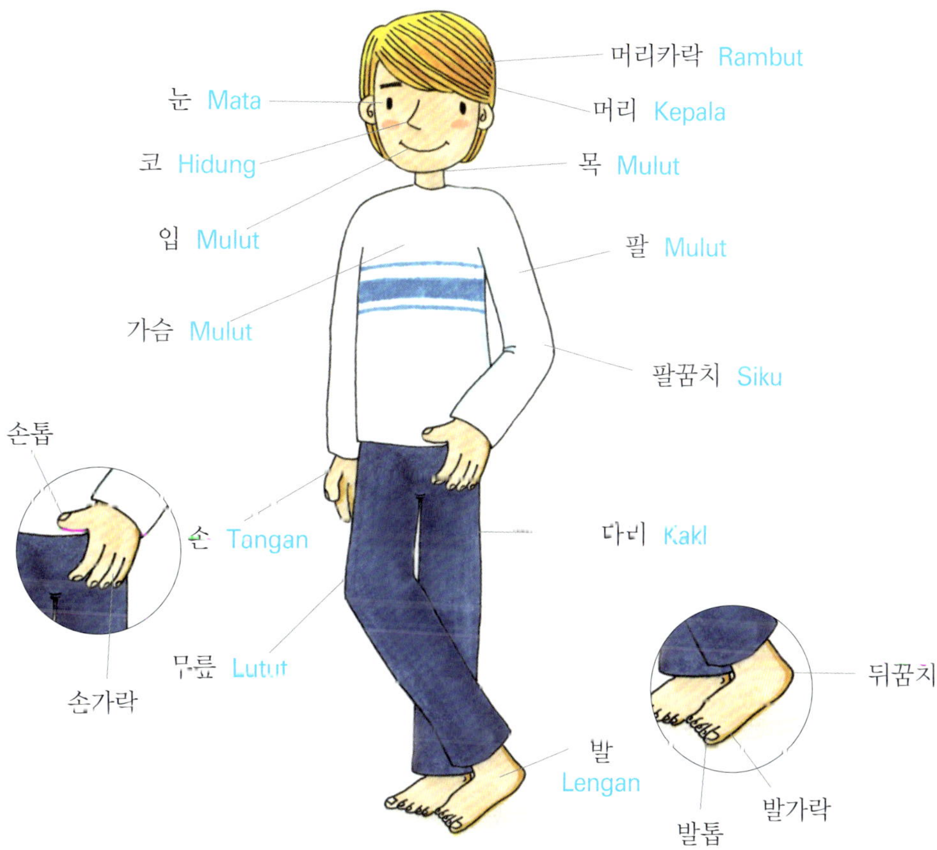

Dialog 대화

이것이 뭐예요? Ini Apa?

유진: 이것이 뭐예요? Apa ini?

안톤: 이것은 한국어 책이에요.

ni adalah buku bahasa Korea.

유진: 한국어를 배워요?

Sedang belajar bahasa Korea?

안톤: 네, 한국어를 배워요.

Iya, sedang belajar bahasa Korea.

유진: 어디에서 한국어를 공부해요?

Belajar bahasa Korea dimana?

안톤: 부경대학교에서 한국어를 공부해요.

Belajar di universitas Pu Kyong

어휘 및 표현

뭐(=무엇)	Apa	에서	Di / Dari
한국어	Bahasa Korea	공부하다	Belajar
네	Iya	부경대학교	Universitas Pu Kyong
배우다	Belajar	N에서 + V	(Hacer) V en N (V no verbo de movimiento)
어디	Dimana		

덤

준말

한국어의 '무엇'은 '뭐'로 짧게 줄여 쓸 수 있습니다. '뭐'처럼 짧게 줄여 쓴 말을 '준말'이라고 합니다. 한국어에는 '뭐' 외에도 준말이 많이 있는데, '이것이'는 '이게', '저것이'는 '저게', '그것이'는 '그게' 등으로 줄여 쓸 수 있습니다.

	+이/가	+은/는	+을/를
이것	이것이 = 이게	이것은 = 이건	이것을 = 이걸
저것	저것이 = 저게	저것은 = 저건	저것을 = 저걸
그것	그것이 = 그게	그것은 = 그건	저것은 = 저건

Tatabahasa 문법

1. N이/가

Dengan menggunakan '–이/가' pada kata benda, menjadikan kata tersebut sebagai subjek. Jika kata benda diakiri dengan konsonan (V1C1 dan C1V1C2 구조), menggunakan '–이', dan Jika diakhiri dengan vokal (V1 dan C1V1) menggunakan '–가'.

V_1C_1 또는 $C_1V_1C_2$	
이것 선생님	+ 이

V_1 또는 C_1V_1	
여기 학교	+ 가

예

• 이것이 책상이에요.

• 안톤 씨가 공부해요.
Anton belajar

2. N은/는

Jika kata benda diakhiri dengan konsonan (struktur V1C1 dan C1V1C2), menggunakan '–은'. Jika diakhiri dengan vokal (V1 dan C1V1), menggunakan '–는'.

V_1C_1 또는 $C_1V_1C_2$	
교실 한국	+ 은

V_1 또는 C_1V_1	
아버지 친구	+ 는

1) Pemakaian '–은/는' sama seperti yang dijelaskan diatas.

예

• 옛날에 안톤 씨가 살았어요. → 새로운 정보 Info yang baru
Dahulu Anton hidup.

• 안톤 씨는 인도네시아 사람이었어요. → 알고 있는 정보 Info yang sudah diketahui
Anton adalah orang Indonesia

예

- 안톤: 여기가 어디예요?
  Ini dimana?

  유진: 여기는 우체국이에요.
  Disini adalah kantor pos.

- 안톤: 우체국이 어디예요?
  Dimanakah kantor pos?

  유진: 여기가 우체국이에요.
  Disini adalah kantor pos.

2) Jika membandingkan atau menyetarakan antara 2 kata benda.

예

- 저는 키가 커요. 하지만 제 동생은 키가 작아요.
  Saya tinggi. Tetapi adik saya pendek.
- 지금 한국은 여름이에요. 하지만 호주는 겨울이에요.
  Sekarang sedang musim panas di Korea.
- 여름은 더워요. 하지만 겨울은 추워요.
  Tetapi di Australia sedang musim dingin.

3. N을/를

'–을/를' dipakai di kata benda untuk menjadikan kata tersebut objek penderita.
Jika kata benda diakhiri dengan konsonan, (struktur V1C1 dan C1V1C2) menggunakan '–을',
dan Jika diakhiri dengan vokal (V1 dan C1V1), menggunakan '–를'.

V_1C_1 또는 $C_1V_1C_2$	
밥 신문	+ 을

V_1 또는 C_1V_1	
커피 노래	+ 를

예

- 안톤 씨가 밥을 먹어요. Anton makan nasi.
- 어머니가 커피를 마셔요. Ibu minum kopi.
- 아버지가 신문을 읽어요.
- 유진 씨가 노래를 불러요.

Diary 일기

2010년 9월 1일 수요일　　날씨: 맑음 ☼

오늘은 학교에 가요.

한국어 수업이 있어요.

한국어 선생님하고 친구들을 만나요.

한국어 선생님은 친절해요.

우리 반 친구들은 한국어 공부를 열심히 해요.

한국어 공부가 아주 재미있어요.

Latihan Tatabahasa 문법 연습 ❷

1. 【보기】에서 알맞은 것을 골라 쓰세요.

보기 이/가, 을/를, 은/는

① 저(는) 학생이에요.

② 아니요, 지도(　　) 아니에요.

③ 안톤 씨는 한국어(　　) 공부해요.

④ 제 이름(　　) 유진이에요.

⑤ 어머니가 밥(　　) 먹어요.

2. 그림을 보고 '이것', '그것', '저것' 을 넣어 대화를 완성하세요.

① 안톤 : 이것이 책이에요?

유진 : 네, 책이에요.

② 안톤 : ______ 컴퓨터예요?

유진 : 네, 컴퓨터예요.

③ 안톤 : ______ 전자사전이에요?

유진 : 네, 전자사전이에요.

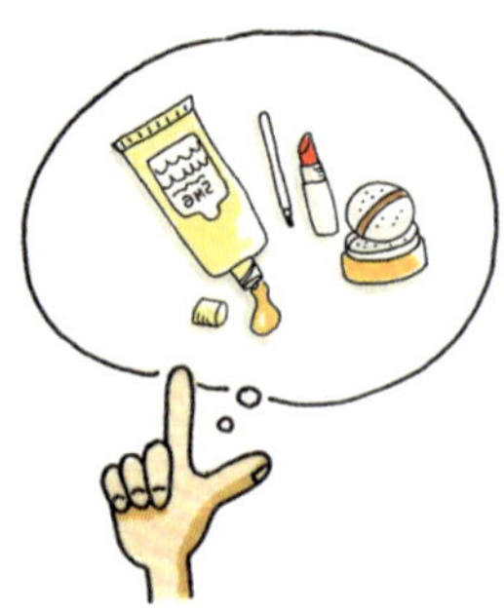

④ 안톤 : ______ 화장품이에요?

유진 : 네, 화장품이에요.

Kosakata & Ekspresi 어휘 & 표현 ❷

1. 다음 그림을 보고 단어가 그림에 있으면 ○, 없으면 ×표 하세요.

① 돈 (O)　② 책 (　)　⑤ 교통카드 (　)　⑥ 창문 (　)

③ 휴대폰 (　)　④ 전자사전 (　)　⑦ 휴지 (　)　⑧ 문 (　)

2. 다음 그림을 보고 신체 부분을 쓰세요.

① ____________________

② ____________________

③ ____________________

④ ____________________

⑤ ____________________

3. 【보기】에서 알맞은 단어를 골라 쓰세요.

보기	뭐, 어디

① 가 : ________에서 한국어를 공부해요?
　나 : 부경대학교에서 한국어를 공부해요.

② 가 : 이것이 ________예요?
　나 : 그것은 책이에요.

Kehidupan Sekolah

제3과 학교생활

Daftar kosakata 그림사전

명사	Kata benda
공부	Belajar
공항	Bandara
교실	Kelas
도서관	Perpustakaan
동아리	perkumpulan
백화점	Mall
사무실	Kantor
성적	Nilai
성적표	Laporan nilai
수강신청	Pendaftaran kelas
수업	Pelajaran
숙제	Pekerjaan rumah
시험	Ujian
식당	Kantin
우체국	Kantor pos
은행	Bank
집	Rumah
학교	Sekolah
학비	Uang sekolah
학생증	Kartu pelajar
회사	Perusahaan

동사	Kata kerja
가다	Pergi
내다	Menyerahkan
듣다	Mendengar
받다	Menerima
빌리다	Meminjam
입학하다	Masuk sekolah
졸업하다	Lulus
하다	Melakukan

기타	Tambahan
~에서	Di / dari

표현 Ekspresi

시험을 치다/보다
Menjalankan ujian
동아리에 들다
bergabung dalam perkumpulan

학교에 가다

학비를 내다

수강신청(을) 하다

수업을 듣다

N(장소)에 가다

go to N

장소	
집	은행
학교	우체국
교실	서점
사무실	백화점
회사	공항
식당	도서관

집에 가다
Pergi ke rumah

은행에 가다
Pergi ke bank

교실에 가다
Pergi ke kelas

식당에 가다
Pergi ke kantin

질문하다

대답하다

공부하다

숙제하다

숙제를 내다

책을 빌리다

동아리에 들다

시험을 치다/보다

성적표를 받다

입학하다

졸업하다

학생증

Dialog 대화

지금 어디에 가요? Sekarang Pergi Kemana?

유진: 안톤 씨, 오늘 수업이 있어요? Anton, hari ini ada kelas tidak?

안톤: 아니요. 수업이 없어요. Tidak, tidak ada kelas.

유진: 그러면 지금 어디에 가요? Kalau begitu sekarang pergi kemana?

안톤: 도서관에 가요. Pergi ke perpustakaan.

유진: 도서관에서 무엇을 해요?
Mau apa di perpustakaan?

안톤: 도서관에서 숙제를 해요.
Mengerjakan pekerjaan rumah di perpustakaan.
유진 씨는 어디에 가요?
Yujin pergi kemana?

유진: 저는 영화관에 가요. 친구하고 약속이 있어요.
Saya pergi ke bioskop. Ada janji dengan teman.

어휘 및 표현

오늘	Hari ini	무엇	Apa
수업	Pelajaran	약속	Janji
있다	Ada	N이/가 있어요	Ada N
없다	Tidak ada	N이/가 없어요	Tidak ada N
그러면	Kalau begitu	N에서 + V	Dari / di
가다	Pergi	N하고	Dengan N

덤

영화표 예매 사이트

영화관에 가기 전에 미리 인터넷으로 영화표를 예매하면 편리합니다. 다음은 영화표를 예매할 수 있는 영화관 홈페이지입니다. 아래의 사이트에서 최신 개봉작과 영화 상영시간표를 확인하고, 영화표도 예매해 보세요.

http://www.cgv.co.kr CGV
http://www.cinus.co.kr 씨너스
http://www.primuscinema.com 프리머스 시네마
http://www.megabox.co.kr 메가박스
http://www.lottecinema.co.kr 롯데시네마

Tatabahasa 문법

1. V · A아요/어요/여요

Memakai '–아요/어요/여요' dibelakang kata kerja atau kata sifat membuat kalimat pernyataan. Jika ada 'ㅏ or ㅗ', di kata kerja atau kata sifat, menggunakan '–아요'
vokal selain 'ㅏ, ㅗ', menggunakan '–어요' Untuk '하다', menggunakan '–여요'.

ㅗ, ㅏ	가다	가/+ 아요	→	가요 Pergi
	오다	오/+ 아요	→	와요 Datang
	앉다	앉/+ 아요	→	앉아요 Duduk
ㅗ, ㅏ 제외한 모음 (ㅜ, ㅓ, ㅡ, ㅣ…)	먹다	먹/ + 어요	→	먹어요 Makan
	웃다	웃/ + 어요	→	웃어요 Tertawa
	배우다	배우/ + 어요	→	배워요 Belajar
	마시다	마시/ + 어요	→	마셔요 Minum
'하다' 동사	공부하다	공부하/ + 여요	→	공부해요 Belajar
	사랑하다	사랑하/ + 여요	→	사랑해요 Mencintai
	좋아하다	좋아하/ + 여요	→	좋아해요 Suka

[참고]
Ada bentuk formal dan non-formal di akhir percakapan dalam bahasa Korea. Buku ini banyak menggunakan kata-kata non-formal yang pada nyatanya dipakai di kehidupan sehari-hari. Bentuk '–습니다/ㅂ니다' dipakai dalam percakapan formal.

Pada kata kerja dan kata sifat jika diakhiri dengan konsonan (struktur V1C1 dan C1V1C2) menggunakan '–습니다' dan jika diakhiri dengan vokal (V1 dan C1V1) menggunakan '–ㅂ니다'

V_1C_1 또는 $C_1V_1C_2$	먹다	먹/ + 습니다	→	먹습니다
	없다	없/ + 습니다	→	없습니다
V_1 또는 C_1V_1	오다	오/ + ㅂ니다	→	옵니다
	크다	크/ + ㅂ니다	→	큽니다

2. V · A아요/어요/여요?

Jika dibelakang '–아요/어요/여요.' dipasang tanda tanya (?) atau suaranya dinaikkan kalimat tersebut menjadi kalimat tanya.

동사 Kata kerja	평서문 Kalimat pernyataan	의문문 Kalimat pertanyaan
가다 Pergi	가요.	가요?
먹다 Makan	먹어요.	먹어요?
좋아하다 Suka	좋아해요.	좋아해요?

3. 안 V · A아요/어요/여요

Bentuk negatif dari '안 V·A어요/아요/여요 adalah '안 V·A아요/어요/여요'.
Tetapi untuk bentuk 'N+하다' yang berbentuk '하다', untuk kalimat negatifnya menggunakan 'N 안 해요'.

동사 Kata kerja	긍정문 Kalimat positif	부정문 Kalimat negatif
가다 Pergi	가요	안 가요
먹다 Makan	먹어요	안 먹어요
좋아하다 Suka	좋아해요	안 좋아해요
※공부하다 Belajar	공부해요	공부 안 해요
※운동하다 Olahraga	운동해요	운동 안 해요

예

• 밥을 먹어요?
Sedang makan?.

네. 밥을 먹어요.
Iya. Sedang makan.

아니요. 밥을 안 먹어요.
Tidak. Tidak sedang makan.

• 한국 친구가 있어요?
Ada teman Korea?

네. 있어요.
Iya. Ada.

아니요. 없어요.
Tidak. Tidak ada.

• 운동해요?
Sedang berolahraga?

네. 운동해요.
Iya. Sedang olahraga.

아니요. 운동 안 해요.
Tidak. Tidak sedang berolahraga.

Diary 일기

2010년 9월 10일 금요일 날씨: 흐림

오늘은 숙제가 많아요.

그래서 저는 도서관에 가요.

도서관에서 숙제를 해요.

저녁에 유진 씨하고 약속이 있어요.

유진 씨는 제 한국 친구예요.

우리는 영화관에서 만나요.

같이 영화를 봐요.

영화가 정말 재미있어요.

	맑음	흐림	비	눈
날 씨	☼	☁	☂	☃

Latihan Tatabahasa 문법 연습 ❸

1. 다음을 바꿔 쓰세요.

① 은행에 가다 ⇨ 은행에 가요.
② 수강 신청을 하다 ⇨ ________
③ 도서관에 오다 ⇨ ________
④ 저는 학생이다 ⇨ ________
⑤ 이것은 책이 아니다 ⇨ ________

2. 다음 그림을 보고 대화를 완성하세요.

① 가 : 안톤 씨가 은행에 가요?
나 : 아니요, 은행에 안 가요.
학교에 가요.

② 가 : 안톤 씨가 공부해요?
나 : 아니요, ________
____

③ 가 : 유진 씨가 입학해요?
나 : 아니요, ________
____

④ 가 : 안톤 씨가 숙제를 내요?
나 : 아니요, ________
____

Kosakata & Ekspresi 어휘 & 표현 ❸

1. 관계있는 단어를 연결하세요.

① 입학을	㉠ 내다
② 학비를	㉡ 보다
③ 시험을	㉢ 들다
④ 동아리에	㉣ 하다

(① — ㉣)

2. 다음 그림을 보고 빈 칸을 채우세요.

①

집

②

☐ 교

③

☐ 누 ☐

④

☐ 당

⑤

☐ 행

⑥

교 ☐

Belajar Angka

제4과 숫자 말하기

Daftar kosakata 그림사전

명사	Kata benda
~개	-buah / biji
고유어	Bahasa asli
날짜	Tanggal
냉장고	Kulkas
년	Tahun
달	Bulan
돈	Uang
동물	Binatang
~마리	-ekor
~명	-orang
몸무게	Berat badan
방	Kamar
~병	-botol
~분	-menit
사과	Apel
숫자	Angka
~시	-jam
시간	Waktu
~원	-Won
~월	-bulan
음료수	Minuman ringan
자동차	Mobil
~일	-hari
~잔	-gelas
종이	Kertas
~층	-lantai
컴퓨터	Komputer
키	Tinggi
표	Tiket
한자어	Karakter Cina

돈

층

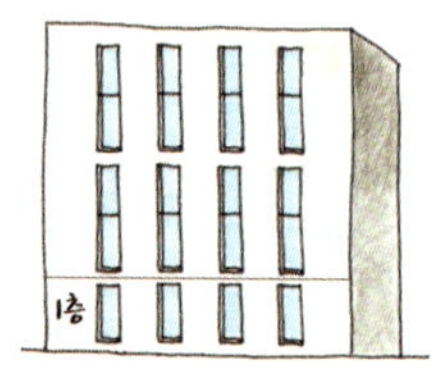

1층

방

406호

키 / 몸무게

180cm, 70kg

날짜

10월 9일

시간

2시 15분

달이름

1월	2월	3월	4월	5월	6월
일월	이월	삼월	사월	오월	유월
7월	8월	9월	10월	11월	12월
칠월	팔월	구월	시월	십일월	십이월

Angka dari karakter Cina 한자어 숫자

1	2	3	4	5	6	7	8	9
일	이	삼	사	오	육	칠	팔	구
10	20	30	40	50	60	70	80	90
십	이십	삼십	사십	오십	육십	칠십	팔십	구십

100	1,000	10,000	100,000	1,000,000	10,000,000	100,000,000
백	천	만	십만	백만	천만	억

Angka dari bahasa Korea asli 고유어 숫자

1	2	3	4	5	6	7	8	9
하나	둘	셋	넷	다섯	여섯	일곱	여덟	아홉
10	20	30	40	50	60	70	80	90
열	스물	서른	마흔	쉰	예순	일흔	여든	아흔

※ Jika dipakai dengan satuan untuk kata benda, '하나, 둘, 셋, 넷' diubah menjadi '하나, 둘, 셋, 넷'

사람 Orang

사람 / 명 분

동물 Binatang

마리

물건(사과, 의자…)
Barang(Apel, Meja...)

개

송이, 표, CD…
Kertas, tiket, CD...

장

자동차, 냉장고, 컴퓨터…
Mobil, kulkas, komputer...

대

음료수 Minuman ringan / kaleng

병 잔

Dialog 대화

생일이 몇 월 며칠이에요? Ulang Tahunnya Tanggal Bulan Berapa?

유진: 안톤 씨, 안톤 씨 생일이 몇 월 며칠이에요? Anton, kapan ulang tahun kamu?

안톤: 제 생일은 9월 10일이에요. Ulang tahun saya 10 September.

유진 씨 생일은 언제예요? Kalau ulang tahun Yujin kapan?

유진: 제 생일은 다음 주 월요일이에요.

Ulang tahun saya senin minggu depan.

안톤: 생일에 무엇을 해요?

Kalau ulang tahun melakukan apa?

유진: 생일에 친구를 초대해요.

Saya undang teman datang.

친구하고 파티를 해요.

Lalu kita pesta bersama.

어휘 및 표현

생일	Ulang tahun	주	Minggu
몇	Berapa	월요일	Senin
월	Bulan	초대하다	Mengundang
며칠	Tanggal berapa	파티	Pesta
언제	Kapan	N하고 + V	V + Dengan N
다음	Berikut		

덤

생일 축하 노래

한국에서는 생일 아침에 미역국을 먹습니다.

그리고 생일 파티를 할 때는 생일 축하 노래를 부르고 케이크를 먹습니다.

한국어로 생일 축하 노래를 같이 불러 볼까요?

생일 축하합니다, 생일 축하합니다, 사랑하는 OO의 생일 축하합니다. ♫

Tatabahasa 문법

1. 한자어 숫자 | Angka Karakter Cina

Angka dari karakter Cina dipakai dalam menghitung tanggal, uang, menit, lantai, nomor kamar / kantor, kg, cm, dan lain-lain.

1 일	월 Bulang
2 이	일 Hari
3 삼	원 Won
4 사	분 Menit
5 오	층 Lantai
6 육	호 Nomor (ruangan)
7 칠	kg kg
…	cm cm

예
- 오늘은 11월 2일이에요. 십일 월 이 일
- 이 가방은 5만 원이에요. 오만 원
- 식당이 3층에 있어요. 삼 층

2. 고유어 숫자 | Angka Korea Asli

Angka dari bahasa Korea asli dipakai dalam menghitung jumlah orang, binatang, barang, umur, jam, dan berbagai satuan kata benda yang lain.

1 한	사람 / 명 Orang
2 두	분 Orang (sopan)
3 세	마리 Ekor
4 네	개 Buah / biji
5 다섯	장 Lembar
6 여섯	대 Unit
7 일곱	병 Botol
…	잔 Gelas
	시 Jam

예
- 우리 반에 학생이 7명 있어요. 일곱 명
- 교실에 책상이 8개 있어요. 여덟 개
- 지금 12시예요. 열두 시

Latihan Tatabahasa 문법 연습 ❹

1. 다음 【보기】에서 알맞은 단어를 골라 쓰세요.

> **보기** 명, 장, 개, 마리, 대, 잔, 병

① 친구를 두 명 만나요.

② 콜라가 ______ 있어요.

③ 커피를 ______ 마셔요.

④ 사과를 ______ 먹어요.

⑤ 개가 ______ 있어요.

⑥ 컴퓨터가 ______ 있어요.

2. 다음 문장에서 밑줄 친 숫자를 한글로 쓰세요.

① 교실은 1층에 있어요. ⇨ 일
② 오늘은 10월 27일이에요. ⇨
③ 저는 키가 180cm예요. ⇨
④ 저는 몸무게가 70kg이에요. ⇨

3. 다음 문장에서 밑줄 친 숫자를 한글로 쓰세요.

① 한국 친구가 10명 있어요. ⇨ 열
② 교실에 책상이 30개 있어요. ⇨
③ CD 15장을 받아요. ⇨
④ 커피가 6잔 있어요. ⇨

Kosakata & Ekspresi 어휘 & 표현 ❹

1. 다음 달력을 보고 날짜를 한글로 쓰세요.

① 이천년 일월 일일이에요.　　② ______________

③ ______________　　④ ______________

2. 다음 (　　)에 알맞은 숫자를 쓰세요.

① 오월 – (　　) – 칠월 – 팔월 – (　　) – (　　) – 십일월

② 하나 – (　　) – (　　) – 넷 – 다섯 – (　　) – 일곱 – (　　)

3. 【보기】에서 알맞은 표현을 골라 쓰세요.

보기	몇 월 며칠이에요?, 언제예요?, 무엇을 해요?

① 유진 : 안톤 씨, 생일이 ______________?

안톤 : 제 생일은 12월 14일이에요.

② 안톤 : 유진 씨 생일은 ______________?

유진 : 제 생일은 다음 주 월요일이에요.

③ 안톤 : 생일에 ______________?

유진 : 생일에 친구를 초대해요. 친구하고 파티를 해요.

Kegiatan Sehari-hari

제5과 하루 일과

Daftar kosakata 그림사전

명사	Kata benda
낮	Siang
도서관	Perpustakaan
밤	Malam
새벽	Dini hari
샤워	Mandi
세수	Cuci muka
수업	Pelajaran
아침	Pagi
아침(밥)	Sarapan
오전	a.m.
오후	p.m.
운동	Olahraga
이	Gigi
인터넷	Internet
잠	Tidur
저녁	Petang
저녁(밥)	Makan malam
점심	Siang
점심(밥)	Makan siang
친구	Teman
컴퓨터	Komputer
텔레비전	Televisi
학교	Sekolah

동사	Kata kerja
끝나다	Selesai
닦다	Gosok
돌아가다	Balik / kembali
먹다	Makan
보다	Melihat
시작하다	Memulai
일어나다	Bangun
자다	Tidur

일어나다

세수를 하다

이를 닦다

샤워를 하다

아침/점심/저녁을 먹다

수업이 시작하다/끝나다

친구를 만나다

텔레비전을 보다

운동을 하다

인터넷을 하다

잠을 자다

Menyebutkan waktu 시간 말하기

1	한	시
2	두	
3	세	
4	네	
5	다섯	
6	여섯	
7	일곱	
8	여덟	
9	아홉	
10	열	
11	열한	
12	열두	

1	한	분
2	두	
3	세	
4	네	
5	다섯	
30	삼십	
56	오십육	
57	오십칠	
58	오십팔	
59	오십구	

1:00	한 시	8:41	여덟 시 사십일 분
2:15	두 시 십오 분	9:30	아홉 시 삼십 분
3:27	세 시 이십칠 분	11:59	열한 시 오십구 분
6:30	여섯 시 삼십 분 (=여섯 시 반)	12:00	열두 시

낮  밤

Dialog 대화

안톤 씨의 하루 Kegiatan Anton dalam Satu Hari

저는 어제 아침 7시에 일어났어요. Kemarin saya bangun jam7 pagi.

7시에 샤워를 했어요. 그리고 8시에 아침을 먹었어요.

Saya mandi jam7. Lalu sarapan jam8.

9시에 학교에 갔어요. Saya pergi ke sekolah jam9.

10시부터 12시까지 한국어 수업이 있었어요.

Dari jam10 sampai jam12 ada pelajaran bahasa Korea.

12시에 식당에서 점심을 먹었어요.

Saya makan siang pukul12 di kantin.

Siangnya saya pergi ke.

낮에 도서관에 갔어요. 도서관에서 책을 읽었어요.

perpustakaan. Saya membaca buku di perpustakaan.

5시에 집에 왔어요. 집에서 저녁을 먹었어요.

Jam5 saya tiba di rumah.

Lalu makan malam di rumah.

밤에 인터넷을 했어요.

Malam harinya saya bermain

internet.

숙제도 했어요.

Saya juga mengerjakan PR.

11시에 잠을 잤어요.

Kemudian saya tidur pukul11.

어휘 및 표현

보통	Biasanya	읽다	Membaca
한국어	Bahasa Korea	N(시간)에	N(waktu)에
그리고	Lalu / dan / kemudian	N1부터 N2까지	DariN1 sampai N2
수업	Pelajaran	N도	Juga N
책	Buku		

Tatabahasa 문법

1. V · A았어요/었어요/였어요

Jika menggunakan '–았어요/었어요/였어요' dibelakang kata benda dan kata sifat menerangkan masa lampau. Jika ada 'ㅏ, ㅗ' dalam kata kerja, diubah menjadi '–았어요' untuk vokal selain 'ㅏ, ㅗ' diubah menjadi '–었어요' untuk kata kerja bentuk '하다', diubah menjadi '–였어요'.

ㅗ, ㅏ	가다	가/+ 았어요	→	갔어요 Pergi
	오다	오/+ 았어요	→	왔어요 Datang
	앉다	앉/+ 았어요	→	앉았어요 Duduk
ㅗ, ㅏ 제외한 모음 (ㅜ, ㅓ, ㅡ, ㅣ…)	먹다	먹/ + 었어요	→	먹었어요 Makan
	웃다	웃/ + 었어요	→	웃었어요 Tertawa
	배우다	배우/ + 었어요	→	배웠어요 Belajar
	마시다	마시/ + 었어요	→	마셨어요 Minum
'하다' 동사	공부하다	공부하/ + 였어요	→	공부했어요 Belajar
	사랑하다	사랑하/ + 였어요	→	사랑했어요 Mencintai
	좋아하다	좋아하/ + 였어요	→	좋아했어요 Suka

예

현재 Masa sekarang	과거 Masa lampau
오늘 비가 와요. Hari ini turun hujan.	어제 비가 왔어요. Kemarin turun hujan.
오늘 비가 와요. Hari ini turun hujan.	저는 학교에 갔어요. Saya pergi ke sekolah.
안톤 씨는 지금 밥을 먹어요. Sekarang Anton sedang makan nasi.	안톤 씨는 아까 밥을 먹었어요. Tadi Anton makan nasi.
영화가 재미있어요. Filmnya menarik.	영화가 재미있었어요. Filmnya menarik.
지금 숙제를 해요. Sekarang saya mengerjakan PR.	어제 밤에 숙제를 했어요. Kemarin malam saya mengerjakan PR.

Latihan Tatabahasa 문법 연습 ❺

1. 다음을 바꿔 쓰세요.

① 와요 ⇨ 왔어요.

② 공부해요 ⇨

③ 마셔요 ⇨

④ 배워요 ⇨

⑤ 먹어요 ⇨

⑥ 웃어요 ⇨

2. 그림을 보고 질문에 대답하세요.

① 가 : 어제 아침에 무엇을 했어요?

나 : 운동했어요.

② 가 : 어제 낮에 무엇을 했어요?

나 :

③ 가 : 어제 밤에 무엇을 했어요?

나 :

Kosakata & Ekspresi 어휘 & 표현 ❺

1. 사람들이 무엇을 해요? 【보기】에서 알맞은 단어를 골라 쓰세요.

보기			
	• 인터넷을 하다	• 운동을 하다	• 이를 닦다
	• 친구를 만나다	• 샤워를 하다	• 세수를 하다

① 운동을 하다.

②

③

④

⑤

⑥

2. 다음 그림을 보고 문장을 완성하세요.

① 9시부터 12시까지 수업을 들었어요.

② ______________________

③ ______________________

Menggunakan Alat Transportasi

제6과 교통수단 이용하기

Daftar kosakata 그림사전

명사	Kata benda
교통카드	Kartu angkutan umum
노선도	Jalur kereta
단말기	Mesin pemeriksa kartu transportasi
버스	Bus
버스정류장	Terminal bus
벨	Bel
손잡이	Pegangan tangan
요금	Iuran
자리	Tempat duduk
줄	Antri
지하철	Kereta bawah tanah
출구	Pintu keluar
택시비	Argo taksi
표	Tiket

동사	Kata kerja
갈아타다	Berpindah
기다리다	Menunggu
나오다	Keluar
내다	Menyerahkan
내리다	Turun
넣다	Memasukkan
누르다	Menekan
대다	Menyentuh
서다	Berdiri
세우다	Memberhentikan
앉다	Duduk
잡다	Memegang
타다	Naik

표현	Ekspresi
줄을 서다	Mengantri

버스를 기다리다

버스를 타다

버스 요금을 내다

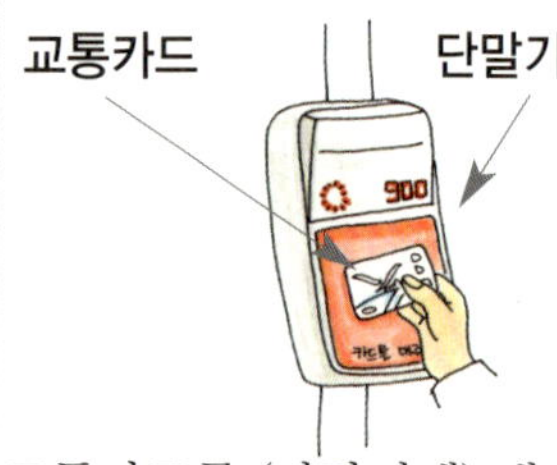

교통카드를 (단말기에) 대다

손잡이를 잡다

자리에 앉다

벨을 누르다

버스에서 내리다

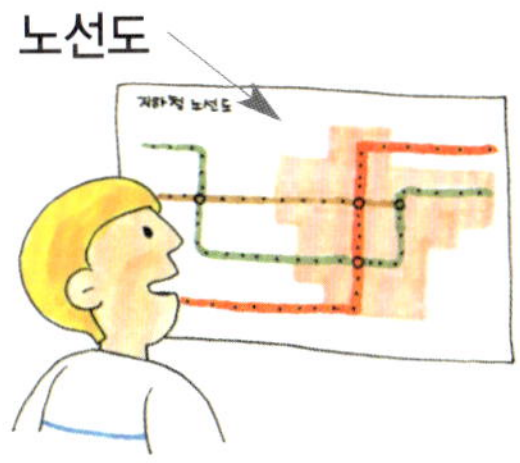

지하철 노선도를 보다

지하철 표를 넣다

줄을 서다

지하철을 타다

2호선으로 갈아타다

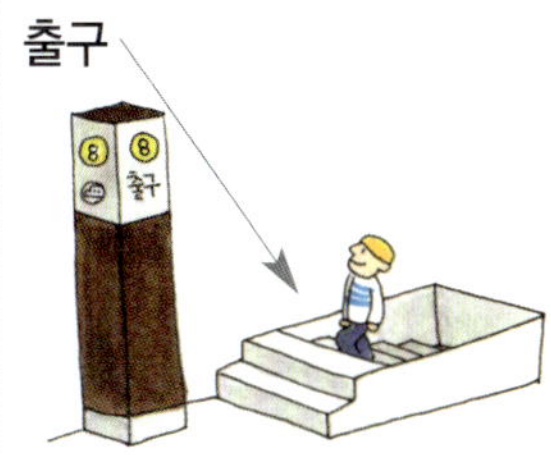

8번 출구로 나오다

택시를 잡다

택시를 타다

택시비를 내다

Ungkapan yang digunakan saat naik taksi

Saat memberitahukan tujuan kepada supir taksi

- 부경대학교에 가 주세요.
  Tolong antar saya ke (Tempat)

- 저기에 세워 주세요.
  Tolong berhenti di sana.

Dialog 대화

부산역에 어떻게 가요? Bagaimana cara pergi ke Stasiun Busan?

안톤: 부산역에 어떻게 가요? Bagaimana cara pergi ke Stasiun Busan?

학생: 버스나 지하철을 타세요.

Silahkan naik bus atau kereta bawah tanah.

안톤: 버스 정류장은 어디에 있어요? Dimana stasiun bus?

학생: 부경대학교 정문 앞에 있어요.

Di depan pintu masuk Universitas Pukyong.

거기에서 27번 버스를 타세요.

Naik bus nomor 27.

안톤: 시간이 얼마나 걸려요?

Berapa lama dari sini?

학생: 25분쯤 걸려요.

Memakan waktu sekitar 25menit.

어휘 및 표현

부산역	Stasiun Busan	걸리다	Memakan waktu
어떻게	Bagaimana	쯤	Sekitar
정문	Gerbang utama	N에 어떻게 가요?	Bagaimana cara pergi ke N?
거기	Disana	N1(이)나 N2	N1atau N2
~번 버스	~Bus nomor	시간이 얼마나 걸려요?	Memakan waktu berapa lama?
얼마나	Berapa		

덤

대중교통 안내 사이트

요즘은 버스, 지하철 등 대중교통 정보를 제공하는 사이트가 많이 있습니다. 외출하기 전에 버스, 지하철 노선과 요금, 운행 정보를 꼭 확인해 봅시다.

http://traffic.map.naver.com/ 전국 지하철, 버스 운행 정보

http://www.websubway.co.kr/subway/default.asp?city=pusan 부산 지하철 노선도

http://bus.busan.go.kr/ 부산 버스 노선 안내

Tatabahasa 문법

1. V(으)세요

'Jika menyuruh atau meminta seseorang untuk melakukan sesuatu, menggunakan '-(으)세요'
Jika kata kerja diakhiri konsonan (sturktur V1C1 dan C1V1C2)' menggunakan '-(으)세요'.
Jika diakhiri dengan vokal (V1 dan C1V1) menggunakan '-세요'.

V_1C_1 또는 $C_1V_1C_2$	앉다 duduk	앉/ + 으세요	→	앉으세요
	읽다 membaca	읽/ + 으세요	→	읽으세요
V_1 또는 C_1V_1	가다 pergi	가/ + 세요	→	가세요
	쓰다 menulis	쓰/ + 세요	→	쓰세요

The following two verbs take different forms.

먹다	먹/ + 으세요	→	먹으세요(X)	드세요(○)
자다	자/ + 세요	→	자세요(X)	주무세요(○)

예

• 여기에 앉으세요.
Silahkan duduk di sini.

• 안녕히 가세요.
Selamat jalan.

• 맛있게 드세요.
Selamat makan.

2. V지 마세요

'Bentuk negatif dari (으)세요' adalah '-지 마세요'. Dipakai untuk memerintah atau melarang orang melakukan sesuatu.

예

• 먹지 마세요.
Jangan dimakan.

• 이야기하지 마세요.
Jangan berbicara.

• 담배를 피우지 마세요.
Jangan merokok.

Latihan Tatabahasa 문법 연습 ❻

1. 다음을 바꿔 쓰세요.

① 오다 ⇨ 오세요.
② 기다리다 ⇨
③ 타다 ⇨
④ 앉다 ⇨
⑤ 잡다 ⇨

2. 다음을 바꿔 쓰세요.

① 오다 ⇨ 오지 마세요.
② 기다리다 ⇨
③ 타다 ⇨
④ 앉다 ⇨
⑤ 잡다 ⇨

3. 선생님이 어떻게 말해요? 쓰세요.

① 듣고 따라하다 ⇨ 듣고 따라하세요.
② 읽다 ⇨
③ 쓰다(×) ⇨ 쓰지 마세요.
④ 영어로 말하다(×) ⇨
⑤ 책을 보다(×) ⇨

Kosakata & Ekspresi 어휘 & 표현 ❻

1. 다음 그림을 보고 빈칸을 채우세요.

① 버스를 기다리다.

② 줄_ _다.

③ 버스_ _다.

④ 버스_ _ _ _다.

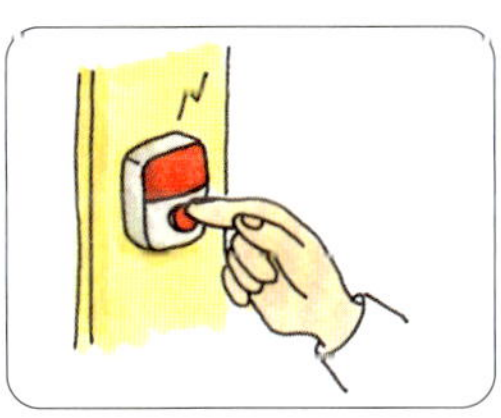

⑤ 벨_ _ _다.

Menelepon dan membuat janji

제7과 전화하기 • 약속하기

Daftar kosakata 그림사전

명사	Kata benda
전화(기)	Telepon Pesawat telepon
휴대폰	Telepon genggam
통화 중	Sedang telepon
전화번호	Nomor telepon
표	Tiket

동사	Kata kerja
끊다	Putus
바꿔 주다	Tukar
받다	Menerima
울리다	Bergema/berdering
정하다	Memutuskan
취소하다	Membatalkan
확인하다	Memastikan

부사	Kata keterangan
잘못	Salah

표현	Ungkapan

전화를 걸다
Menelepon
전화를 끊다
Memutuskan telepon

전화기

전화번호를 누르다

수화기

전화를 걸다

휴대폰

전화가 울리다

전화를 받다

통화중이다

전화를 잘못 걸다

전화를 바꿔 주다

전화를 끊다

약속 시간을 정하다

약속 장소를 정하다

약속을 취소하다

영화시간을 확인하다

영화표를 사다

영화를 보다

Ungkapan pada saat menelepon 전화표현

여보세요.	Halo.
거기 ~ (이)지요?	Anda/ ini ~ ya?
전데요.	Saya.
~씨 좀 바꿔 주세요.	Bisa bicara dengan~.
~씨 전화 왔어요.	Ada telepon dari~.
~씨 전화 받으세요.	~, tolong terima telepon
지금 안 계세요.	Sekarang tidak berada di tempat.
잠깐만 기다리세요.	Tolong tunggu sebentar.
다시 전화할게요.	Saya hubungi lagi nanti.
안녕히 계세요. (전화 끊을 때)	Sudah dulu ya.

Dialog 대화

같이 영화를 볼까요? Ingin menonton film bersama?

안톤: 여보세요? Halo?
유진: 여보세요? Halo?
안톤: 유진 씨, 저 안톤이에요. Yujin, ini Anton.
유진: 아, 안톤 씨, 무슨 일이에요? Oh Anton, ada apa?
안톤: 유진 씨, 내일 시간 있어요? Yujin, besok ada waktu tidak?
유진: 네, 시간 있어요. Iya, ada waktu.
안톤: 그러면 우리 같이 영화를 볼까요?
Kalau begitu mau nonton bersama aku?
유진: 좋아요. 같이 영화를 봅시다.
Baiklah. Ayo nonton bersama.
몇 시에 만날까요? Mau bertemu jam berapa?
안톤: 2시 어때요? Jam 2 bisa?
유진: 네. 좋아요. Iya.
그러면 내일 2시에 학교 앞 영화관에서 만납시다.
Kalau begitu besok bertamu dibioskop depan sekolah jam2 .
안톤: 네. 유진 씨, 내일 봐요. Baiklah. Sampai jumpa besok.

어휘 및 표현

내일	Besok	몇 시	Jam berapa
시간	Waktu	N 어때요?	Bagaimana dengan N?
우리	Kita	무슨 일이에요?	Ada urusan apa?
같이	Bersama		

덤

영화관 이용 예절

영화관에서 영화를 볼 때도 지켜야 할 예절이 있습니다. 영화관 이용 예절을 함께 알아볼까요?

첫째, 핸드폰은 진동으로 바꾸거나 전원을 끄세요.
둘째, 사진을 찍지 마세요.
셋째, 앞사람의 자리를 발로 차지 마세요.
넷째, 쓰레기는 쓰레기통에 버리세요.

Tatabahasa 문법

1. V(으)ㄹ까요?

'Jika ingin mengajak seseorang melakukan sesuatu bersama menggunakan '-(으)ㄹ까요?' Jika kata kerja diakhiri konsonan (Struktur V1C1 dan C1V1C2) menggunakan '-을까요?', Jika diakhiri dengan vokal(V1 dan C1V1)' menggunakan '-ㄹ까요?'.

V_1C_1 또는 $C_1V_1C_2$	먹다 makan	먹/ + 을까요?	→	먹을까요?
	앉다 duduk	앉/ + 을까요?	→	앉을까요?
	찾다	찾/ +을까요?	→	찾을까요?
V_1 또는 C_1V_1	보다 melihat	보/ + ㄹ까요?	→	볼까요?
	만나다 bertemu	만나/ +ㄹ까요?	→	만날까요?
	기다리다	기다리/ +ㄹ까요?	→	기다릴까요?

2. V(으)ㅂ시다.

'-(으)ㅂ시다' dipakai untuk mengajak seseorang melakukan sesuatu bersama Jika kata kerja diakhiri dengan konsonan(Struktur V1C1 dan C1V1C2) menggunakan '-읍시다', Jika diakhiri dengan vokal (StrukturV1 dan C1V1) menggunakan '-ㅂ시다'.

V_1C_1 또는 $C_1V_1C_2$	읽다 membaca	읽/ + 읍시다	→	읽읍시다
	받다 menerima	받/ + 읍시다	→	받읍시다
	잡다	잡/ +읍시다	→	잡읍시다
V_1 또는 C_1V_1	타다 naik	타/ + ㅂ시다	→	탑시다
	배우다 belajar	배우/+ ㅂ시다	→	배웁시다
	마시다	마시/ +ㅂ시다	→	마십시다

예

• 유진: 우리 버스를 탈까요?
Bagaimana kalau kita naik bus?
안톤: 좋아요, 버스를 탑시다.
Baiklah, ayo naik bus.

• 안톤: 내일 같이 해운대에 갈까요?
Bagaimana kalau kita besok pergi bersama ke Haeundae?
유진: 미안해요.
내일은 시간이 없어요.
Maaf, besok tidak ada waktu.
다음에 갑시다
Mari pergi di lain waktu.

• 유진: 점심을 같이 먹읍시다.
안톤: 네, 좋아요.

• 안톤: 오늘 3시에 만납시다.
유진: 3시에는 수업이 있어요.
4시 어때요?

Latihan Tatabahasa 문법 연습 ❼

1. 다음을 바꿔 쓰세요.

① 가요 ⇨ 갈까요?
② 만나요 ⇨
③ 먹어요 ⇨
④ 봐요 ⇨
⑤ 읽어요 ⇨

2. 다음을 바꿔 쓰세요.

① 가요 ⇨ 갑시다.
② 만나요 ⇨
③ 먹어요 ⇨
④ 봐요 ⇨
⑤ 읽어요 ⇨

3. 다음 그림을 보고 대화를 완성하세요.

① 가 : 배가 고파요.
나 : 식당에 갈까요 ?
가 : 네. 식당에 갑시다.

② 가 : 내일 시험이 있어요.
나 : ______________?
가 : 네, 도서관에서 공부합시다.

③ 가 : 피곤해요.
나 : ______________?
가 : 네, 의자에 앉읍시다.

Kosakata & Ekspresi 어휘 & 표현 ⑦

1. 다음은 전화 대화입니다. 【보기】에서 알맞은 문장을 골라 보세요.

> **보기**
> ① 거기 안톤 씨 집이지요?
> ② 다시 전화할게요.
> ③ 안톤 씨 좀 바꿔 주세요.

가 : 여보세요, ____________________

나 : 네, 맞아요.

가 : ____________________

나 : 지금 안 계세요.

가 : 그럼, ____________________

안녕히 계세요.

2. 다음 단어 다음에 올 수 없는 것을 고르세요.

① 버스를	☐ 타다	☑ 내리다	☐ 기다리다
② 전화를	☐ 울리다	☐ 걸다	☐ 끊다
③ 약속을	☐ 누르다	☐ 정하다	☐ 취소하다

Kegiatan di akhir pekan

제8과 주말활동

Daftar kosakata 그림사전

명사	Kata benda
낚시	Pancingan
노래	Lagu
등산	Naik gunung
빨래	Mencuci baju
사진	Foto
설거지	Mencuci piring
쇼핑	Berbelanja
여행	Tamasya
음악	Musik
주말	Akhir pekan
주중	Hari biasa
찜질방	Sauna
청소	Bersih- bersih
춤	Tarian
평일	Hari biasa

동사	Kata kerja
듣다	Mendengar
읽다	Membaca

표현	Ungkapan
노래를 부르다	Menyanyi
사진을 찍다	Mengambil foto
춤을 추다	Menari

책을 읽다

음악을 듣다

영화를 보다

등산을 하다

노래를 부르다

사진을 찍다

춤을 추다

여행을 가다

낚시를 하다

운동을 하다

컴퓨터 게임을 하다

쇼핑을 하다

찜질방에 가다

요리를 하다

설거지를 하다

청소를 하다

빨래를 하다

Hari biasa dan akhir pekan 평일과 주말

요일	월요일	화요일	수요일	목요일	금요일	토요일	일요일
Hari	Senin	Selasa	Rabu	Kamis	Jumat	Sabtu	Minggu
	주중(평일) I Hari biasa					주말 I Akhir pekan	

Dialog 대화

주말에 뭐 해요? Mau apa di akhir pekan?

유진: 안톤 씨, 이번 주말에 뭐 해요? Anton, akhir pekan ini mau apa?

안톤: 토요일에 남포동에 갈 거예요. Hari Sabtu akan pergi ke Nampodong.

유진: 남포동에서 무엇을 할 거예요? Mau melakukan apa di Nampodong?

안톤: 내일부터 남포동에서 국제영화제가 열려요.
Mulai besok ada Festival Film Internasional di Nampodong.
그래서 남포동에서 영화를 볼 거예요.
Karena itu aku akan menonton film di sana.
유진 씨는 주말에 뭐 할 거예요?
Kalau Yujin akhir pekan mau apa?

유진: 저는 이번 주말에 해운대에 갈 거예요.
Saya pergi ke Heundae akhir pekan ini.
해운대에서 바다를 구경할 거예요.
그리고 사진을 많이 찍을 거예요.
Hanya ingin melihat laut dan foto- foto di sana.

어휘 및 표현

이번	Saat ini	바다	Laut
뭐(=무엇을)	Apa	구경하다	Melihat- lihat
남포동	Nampodong	사진	Foto
국제영화제	Festival Film Internasional	사진을 찍다	Mengambil gambar
열리다	Dibuka	많이	Banyak
그래서	Jadi	이번 N	N ini
해운대	Heundae	N부터	dari N

덤

부산국제영화제

매년 10월 부산 남포동과 해운대 등에서는 부산국제영화제(PIFF: Pusan International Film Festival)가 열립니다. 부산국제영화제는 1996년에 처음 시작하여 지금은 아시아 최고의 영화제가 되었습니다. 매년 부산국제영화제 기간에는 전 세계 영화감독과 영화배우, 그리고 영화를 사랑하는 많은 사람들이 부산을 찾고 있습니다.

Tatabahasa 문법

1. V · A(으)ㄹ 거예요

'Jika memakai –(으)ㄹ 거예요' dibelakang kata kerja atau kata sifat mengubah kalimat tersebut menjadi bentuk masa depan jika dipakai bersama objek pihak ke3 mempunyai makna mengira- ngira. Jika kata kerja atau kata sifat diakhiri dengan konsonan (Struktur V1C1 dan C1V1C2) menggunakan '–을 거예요'. Jika diakhiri dengan vokal(V1 dan C1V1) menggunakan '–ㄹ 거예요'.

V_1C_1 또는 $C_1V_1C_2$	입다 memakai	입 +을 거예요	→	입을 거예요
	많다 banyak	많 +을 거예요	→	많을 거예요
V_1 또는 C_1V_1	오다 datang	오 +ㄹ 거예요	→	올 거예요
	예쁘다 cantik	예쁘 +ㄹ 거예요	→	예쁠 거예요

예

- 저는 오늘 저녁에 불고기를 먹을 거예요. (미래)
  Malam ini saya akan makan daging sapi (masa depan)
- 내일 부산에 비가 올 거예요. (미래)
  Besok akan turun hujan di Busan (masa depan)
- 지금 서울에 눈이 올 거예요. (추측)
  Sekarang akan turun salju di Seoul (perkiraan)
- 주말에 해운대에 사람이 많을 거예요. (추측)
  Banyak orang datang ke Heundae di akhir pekan (perkiraan)

2. 안 V · A(으)ㄹ 거예요

'Bentuk negatif dari V '–(으)ㄹ 거예요' 'adalah '안 V(으)ㄹ 거예요' tetapi, untuk bentuk 'N+하다' bentuk negatifnya adalah 'N 안 V(으) ㄹ 하다'.

동사 Kata kerja	긍정문 Kalimat positif	부정문 Kalimat negaif
가다 Pergi	갈 거예요	안 갈 거예요
작다 Kecil	작을 거예요	안 작을 거예요
깨끗하다 Bersih	깨끗할 거예요	안 깨끗할 거예요
※요리하다 Memasak	요리할 거예요	요리 안 할 거예요

예

- 방학에 집에 안 갈 거예요.
- 오늘 밤에는 인터넷을 안 할 거예요.
- 이번 겨울에는 부산에 눈이 안 올 거예요.
- 다음 주말에 날씨가 안 좋을 거예요.

Latihan Tatabahasa 문법 연습 ❽

1. 다음과 같이 하세요.

	어 제	오 늘	내 일
① 가다	갔어요	가요	갈 거예요
② 읽다		읽어요	
③ 하다		해요	
④ 먹다		먹어요	
⑤ 입다		입어요	
⑥ 사다		사요	

2. 다음의 대화를 완성하세요.

① 가 : 월요일에 운동을 할 거예요?
나 : 아니요, 월요일에 운동을 안 할 거예요.

② 가 : 토요일에 찜질방에 갈 거예요?
나 : 아니요, ______________.

③ 가 : 일요일에 등산을 할 거예요?
나 : 아니요, ______________.

④ 가 : 수요일에 청소를 할 거예요?
나 : 아니요, ______________.

Kosakata & Ekspresi 어휘 & 표현 ❽

1. 다음과 같이 하세요.

① 일 – 이 – (삼) – 사 – (   ) – 육 – 칠 – (   ) – (   )

② (   ) – (   ) – 내일

③ 하나 – 둘 – (   ) – (   ) – 다섯 – 여섯 – (   ) – (   )

④ 일요일 – 월요일 – 화요일 – (   ) – 목요일 – (   ) – (   )

2. 다음의 대화를 완성하세요.

① 가 : 이번 주말에 무엇을 할 거예요?

나 : 책을 읽을 거예요.

② 가 : 이번 주말에 무엇을 할 거예요?

나 : ____________________.

③ 가 : 이번 주말에 무엇을 할 거예요?

나 : ____________________.

④ 가 : 이번 주말에 무엇을 할 거예요?

나 : ____________________.

Pergi ke rumah sakit

제9과 병원가기

Daftar kosakata 그림사전

명사	Kata benda
감기	pilek
기침	batuk
머리	kepala
멍	bengkak
몸살	tidak enak badan
발	kaki
밴드	pembalut luka
붕대	kain kanvas
약	obat
열	panas
접수	daftar
주사	suntikan
진찰	periksa (dokter)
처방전	resep
체온	suhu tubuh
피	darah

동사	Kata kerja
감다	menutup (mata)
다치다	terluka
바르다	mengoleskan
받다	menerima
붙이다	menempel
삐다	terpelencok
재다	mengukur

형용사	Kata sifat
아프다	sakit

표현	Ungkapan
감기에 걸리다	Terkena pilek
멍이 들다	Bengkak
몸살이 나다	Tidak enak badan
약을 짓다	Membuatkan obat
열이 나다	Panas
주사를 맞다	Disuntik
피가 나다	Berdarah

접수를 하다

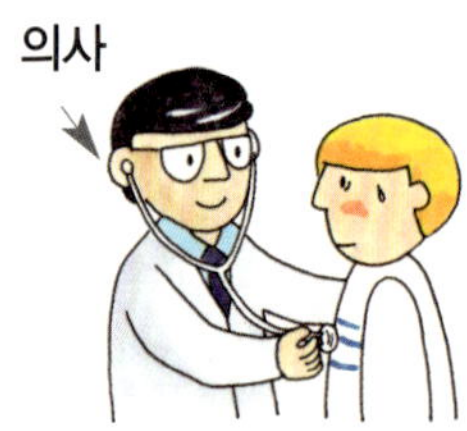

진찰을 받다

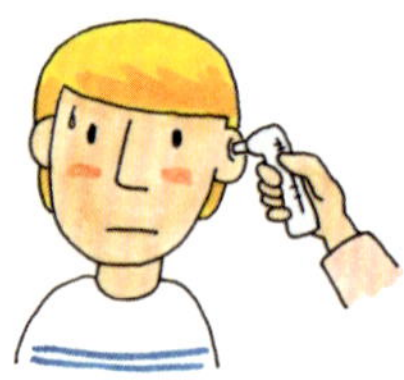
체온을 재다

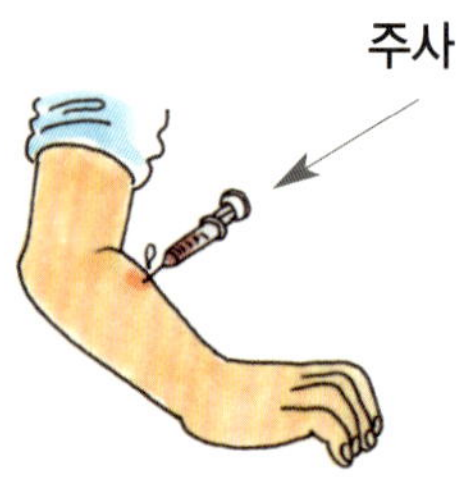

주사를 맞다

처방전을 받다

약을 짓다

머리가 아프다

몸살이 나다

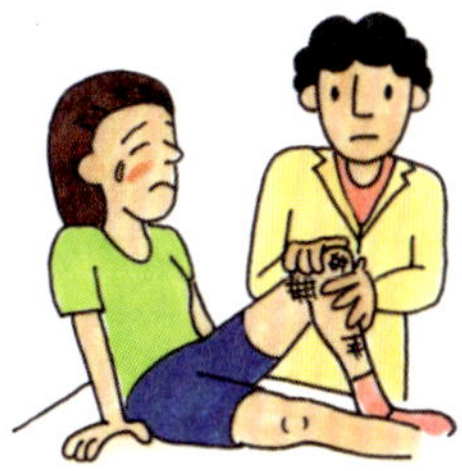

다리를 다치다

피가 나다

감기에 걸리다

기침을 하다

콧물이 나다

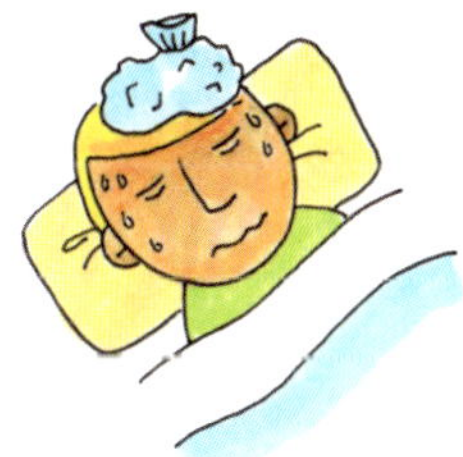

열이 나다

멍이 들다

발을 삐다

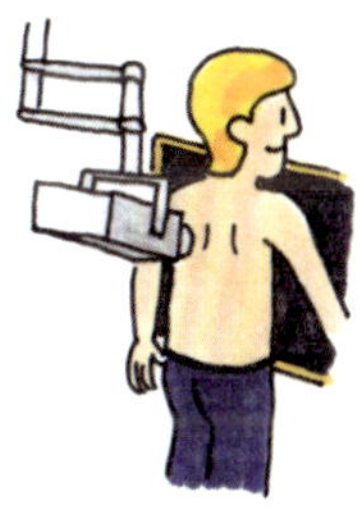

엑스레이를 찍다

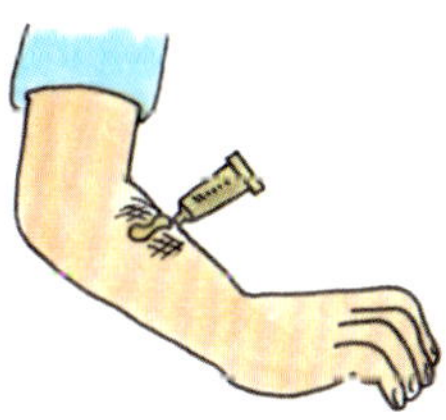

약을 바르다

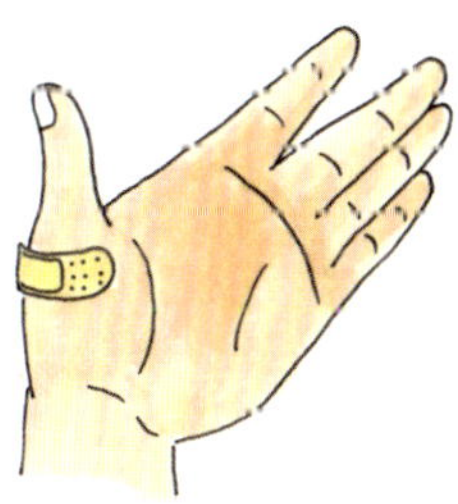

밴드를 붙이다

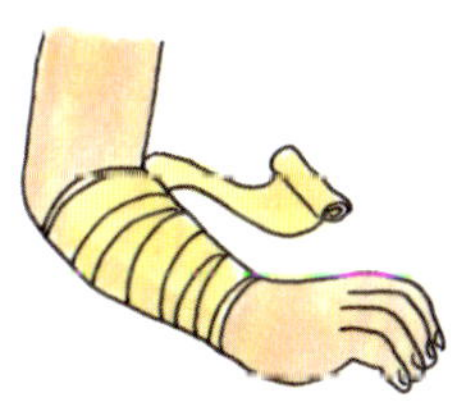

붕대를 감다

Dialog 대화

배가 아프고 열이 나요. Sakit perut dan panas.

간호사: 안톤 씨, 1번 방으로 들어가세요. Anton silahkan masuk ke ruangan nomor 1.

의사: 어떻게 오셨어요? Ada masalah apa?

안톤: 배가 아프고 열이 나요. Perut saya sakit dan badan saya panas.

의사: 배가 어떻게 아파요? Kenapa perutnya sakit?

안톤: 소화가 잘 안 되고 설사를 해요.
Percernaan saya terganggu jadi terkena diare.

의사: 언제부터 아팠어요? Sakit sejak kapan?

안톤: 어제 밤부터 아팠어요. Dari kemarin malam.

의사: 오늘은 매운 음식을 먹지 말고 죽을 드세요.
Untuk hari ini jangan makan makanan pedas, makan bubur saja.
그리고 이 약은 하루에 세 번 식후에 드세요.
Lalu makan obat ini sehari 3x sesudah makan.

어휘 및 표현

1번	nomor 1	설사(를) 하다	terserang diare
방	Kamar	~지 말다	jangan~
들어가다	masuk	죽	bubur
매운	pedas	하루	1 hari
소화	pencernaan	식후	setelah makan
소화가 안 되다	pencernaan terganggu	어떻게 오셨어요?	Ada apa?

덤

한의원

한국에는 한의원이라고 하는 병원이 있습니다. 한의원에서는 한국의 전통적인 치료법으로 환자를 치료합니다. 한의원은 서양식 병원과는 달리 칼과 기계를 사용하지 않고, 주로 한약과 침을 이용하여 치료를 합니다. 최근에는 자연친화적 치료법에 매력을 느낀 외국인들이 한의원을 많이 찾고 있다고 합니다.

Tatabahasa 문법

1. V · A고

1) V·A고 (나열)

'–고' dipakai saat mengurutkan 2 kenyataan yang setara.

예
- 오늘은 비가 와요. 그리고 바람이 불어요. Hari ini turun hujan. Lalu angin bertiup.
  → 오늘은 비가 오/고 바람이 불어요. Hari ini turun hujan dan angin bertiup.
- 형은 대학생이에요. 그리고 동생은 고등학생이에요.
  Kakaknya adalah mahasiswa. Lalu adiknya adalah anak SMA kelas 3.
  → 형은 대학생이/고 동생은 고등학생이에요.
  Kakanya adalah seorang mahasiswa dan adiknya adalah an

- 안톤 씨는 공부를 잘해요. 그리고 운동을 잘해요.
  Anton rajin belajar. Dia juga pandai berolahraga.
  → 안톤 씨는 공부를 잘하/고 운동을 잘해요.
  Anton rajin belajar dan juga pandai berolahraga.
- 콧물이 나요. 그리고 기침을 해요.
  → 콧물이 나/고 기침을 해요.

2) V고 (시간 순서)

Jika '–고' digunakan di belakang kata kerja mempunyai makna urutan. Kata kerja yang di depan dilakukan sebelum kata kerja ke dua. Dalam kasus ini kedua kata kerja tersebut menjadi subjek.

예
- 저는 밥을 먹어요. 그리고 그 후에 숙제를 해요.
  Saya makan nasi. Lalu setelah itu mengerjakan PR.
  → 저는 밥을 먹/고 숙제를 해요.
  Saya makan nasi lalu mengerjakan PR.
- 수업이 끝나요. 그리고 사무실에 오세요.
  Pelajaran selesai. Lalu silahkan datang ke kantor.
  → 수업이 끝나/고 사무실에 오세요.
  Setelah pelajaran selesai silahkan datang ke kantor.
- 먼저 숙제를 합시다. 그리고 텔레비전을 봅시다.
  Kerjakan PR dahulu. Baru setelah itu menonton televisi.
  → 먼저 숙제를 하/고 텔레비전을 봅시다.
  Kerjakan PR dahulu baru menonton televisi.

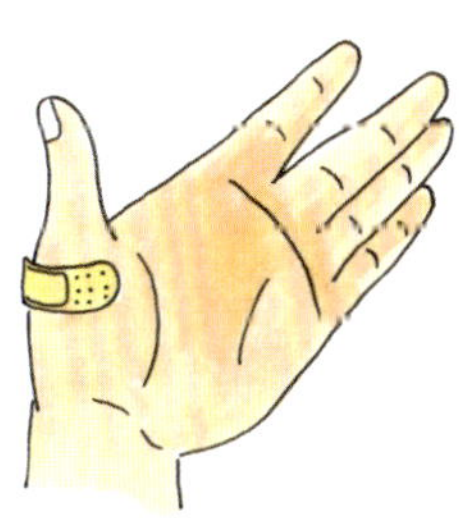

- 약을 바르세요. 그리고 밴드를 붙이세요.
  → 약을 바르/고 밴드를 붙이세요.

Latihan Tatabahasa 문법 연습 ⑨

1. 다음 문장을 완성하세요.

① 오늘은 비가 와요. 그리고 바람이 불어요.

⇨ 오늘은 비가 오고 바람이 불어요.

② 안톤 씨는 인도네시아 사람이에요. 그리고 유진 씨는 한국 사람이에요.

⇨ ______________________

③ 피가 나요. 그리고 멍이 들었어요.

⇨ ______________________

④ 안톤 씨는 춤을 춰요. 그리고 유진 씨는 노래를 불러요.

⇨ ______________________

2. 다음 표를 보고 안톤 씨의 하루 일과를 쓰세요.

7:00	아침을 먹다
9:00	학교에 가다
10:00~12:00	한국어 수업을 듣다
12:00	점심을 먹다
1:00	도서관에서 책을 읽다
5:00	집에 돌아가다

① 안톤 씨는 아침을 먹고 학교에 가요.

② 한국어 수업을 ______________

③ 점심을 ______________

④ 도서관에 책을 읽고 ______________

Kosakata & Ekspresi 어휘 & 표현 ⑨

1. 관계있는 단어를 연결하세요.

① 머리가	㉠ 걸리다
② 열이	㉡ 아프다
③ 감기에	㉢ 다치다
④ 다리를	㉣ 하다
⑤ 기침을	㉤ 나다

2. 다음 그림을 보고, 알맞은 동사를 고르세요.

① 기침을 하다 / 나다

② 콧물이 하다 / 나다

③ 열이 하다 / 나다

④ 피가 하다 / 나다

Pergi ke Kantin

제 10과 식당가기

Daftar kosakata 그림사전

명사 Kata benda

그릇	Mangkok
나이프	Pisau
메뉴판	Buku menu
배	Perut
숟가락	Sendok
음식	Makanan
접시	Piring makan
젓가락	Sumpit
컵	Gelas
포크	Garpu

동사 Kata kerja

계산하다	Bayar (transaksi)
시키다	Memesan
주문하다	Memesan

형용사 Kata sifat

달다	Manis
맛없다	Tidak enak
맛있다	Enak
맵다	Pedas
시다	Asam
싱겁다	Tawar
쓰다	Pahat
짜다	Asin

표현 Ungkapan

배가 고프다	Lapar
배가 부르다	Kenyang

배가 고프다

배가 부르다

메뉴판을 보다

음식을 고르다

음식을 시키다 = 주문하다

계산하다

맛있다

맛없다

음식의 맛

맵다	시다	싱겁다	짜다	달다	쓰다
Pedas	Asam	Tawar	Asin	Manis	Pahit

식사도구 이름

- 접시 piring makan
- 컵 gelas
- 나이프 pisau
- 젓가락 sumpit
- 포크 garpu
- 그릇 mangkok
- 숟가락 sendok

유용한 표현

어서 오세요.	Silahkan masuk.
이쪽으로 오세요.	Silahkan datang kesini.
뭐 드시겠습니까?	Ingin makan apa?
음식 값은 선불입니다.	Bayar makanan dimuka.
제가 한 턱 낼게요	Saya yang akan traktir.
반찬 좀 더 주세요.	Tolong minta lauk lebih.
몇 분이세요?	Berapa orang?

Dialog 대화

삼겹살을 먹고 싶어요. Saya Ingin Makan Daging 3 Lapis (삼겹살).

유진: 안톤 씨, 저녁 먹었어요? Anton, sudah makan malam belum?

안톤: 아니요. 아직 안 먹었어요. Belum makan.

유진: 그러면, 같이 저녁을 먹을까요? Kalau begitu mau makan bersama?

안톤: 네, 좋아요. 학교 근처 식당에 갑시다.

Baiklah. Mari pergi ke kantin sekolah.

〈식당에서〉 〈Di kantin〉

유진: 안톤 씨, 뭐 먹고 싶어요?

Anton, ingin makan apa?

안톤: 저는 삼겹살을 먹고 싶어요. 유진 씨는요?

Saya ingin makan daging 3 lapis. Kalau Yujin?

유진: 저도 삼겹살을 먹고 싶어요. 우리 밥도 먹을까요?

Saya juga itu. Bagaimana kalo pesan nasi juga?

안톤: 좋아요. Baiklah.

유진: 여기요! 삼겹살 이 인분하고 밥 두 공기 주세요.

Mas! Pesan daging 3 lapis 2 porsi dan nasi putih 2.

어휘 및 표현

아직	belum	인분	porsi
같이	bersama	공기	mangkuk
근처	dekat	N1하고 N2	N1dan N2
삼겹살	daging 3 lapis		

덤

한국 음식

김치	비빔밥	불고기	삼계탕	된장찌개

Tatabahasa 문법

1. V고 싶다

'-고 싶다' expresses the speaker's desire to do something.

먹다 makan	먹/ + 고 싶다	→	먹고 싶다
살다 hidup	살/ + 고 싶다	→	살고 싶다
보다 melihat	보/ + 고 싶다	→	보고 싶다
결혼하다 menikah	결혼하/ + 고 싶다	→	결혼하고 싶다

예

• 배가 고파요. 밥을 먹고 싶어요.
Lapar. Ingin makan nasi.

• 너무 피곤해요. 쉬고 싶어요.
Terlalu lelah. Ingin istirahat.

• 오늘은 제 생일이에요. 선물을 받고 싶어요.
Hari ini ulang tahun saya. Saya ingin mendapatkan hadiah.

• 안톤: 이번 크리스마스에 뭐 하고 싶어요?
유진: 친구들하고 파티를 하고 싶어요.

• 유진: 졸업하고 뭐 하고 싶어요?
안톤: 졸업하고 한국 회사에 다니고 싶어요.

Latihan Tatabahasa 문법 연습 ⑩

1. 【보기】에서 그림에 맞는 표현을 고르세요.

보기 • 밥을 먹고 싶어요 • 쉬고 싶어요 • 선물을 받고 싶어요

① 너무 피곤해요.

쉬고 싶어요.

② 배가 고파요.

____

③ 오늘은 제 생일이에요.

____

2. 다음을 바꿔 쓰세요.

① 삼겹살을 먹어요. ⇨ 삼겹살을 먹고 싶어요.

② 책을 읽어요. ⇨ ____________

③ 버스에서 내려요. ⇨ ____________

④ 자리에 앉아요. ⇨ ____________

⑤ 운동을 해요. ⇨ ____________

Kosakata & Ekspresi 어휘 & 표현 ⑩

1. 다음 그림에 맞는 표현을 고르세요.

① ㉠ 짜다

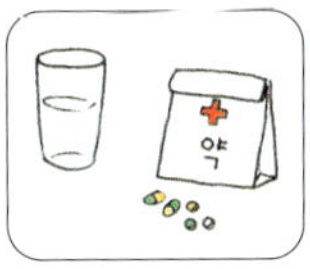
② ㉡ 맵다

③ ㉢ 시다

④ ㉣ 달다

⑤ ㉤ 쓰다

2. 그림을 보고 대화를 완성하세요.

① 가 : 무엇이 있어요?
나 : 컵하고 포크가 있어요.

② 가 : 무엇이 있어요?
나 : ____________________

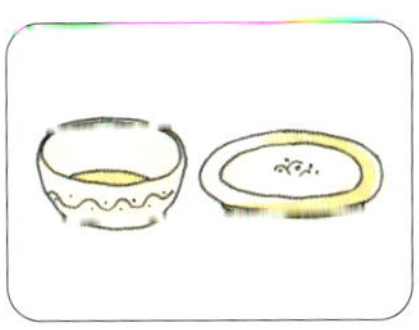
③ 가 : 무엇이 있어요?
나 : ____________________

Membeli barang

제11과 물건사기

Daftar kosakata 그림사전

명사	Kata benda
값	harga
길이	panjang
모자	topi
사이즈	ukuran
쇼핑	belanja
신발	sepatu
옷	baju

동사	Kata kerja
계산하다	menghitung membayar
고르다	memilih
교환하다	menukar
구경하다	melihat- lihat
깎다	memotong
들다	membawa
맞다	benar
메다	mengikat/memanggul
벗다	melepas
사인하다	menanda tangan
쓰다	memakai (topi)
입다	memakai (baju)
입어 보다	mencoba pakai
환불하다	membayar kembali

형용사	Kata sifat
길다	panjang
비싸다	mahal
싸다	murah
작다	kecil
짧다	pendek
크다	besar

쇼핑가다

구경하다

옷을 고르다

옷을 입어 보다

옷값을 깎다

계산하다

영수증에 사인하다

영수증을 받다

교환하다

환불하다

옷을 입다 / 벗다

모자를 쓰다 / 벗다

신발을 신다 / 벗다

가방을 들다 / 메다

값이 싸다 / 비싸다

사이즈가 크다 / 맞다 / 작다

길이가 길다 / 짧다

Ungkapan yang digunakan 유용한 표현

그냥 구경할게요.	Hanya melihat- lihat saja.
좀 깎아 주세요.	Tolong dipotong harganya.
입어 봐도 돼요?	Boleh dicoba tidak?
~ 좀 보여주세요.	Tolong tunjukkan~
이걸로 주세요.	Tolong beri yang ini.

Dialog 대화

이 바지 입어 봐도 돼요? Celana ini boleh dicoba?

점원: 어서 오세요. 뭘 찾으세요? Silahkan masuk. Ada yang dicari?

안톤: 바지를 사고 싶어요. Saya ingin membeli celana jean.

점원: 이 바지 어때요? Bagaimana dengan celana ini?

안톤: 이 바지는 색깔이 마음에 안 들어요. 다른 색깔 있어요?

Saya tidak suka dengan warna celana ini. Ada warna yang lain tidak?

점원: 네. 검은 색이 있어요. Ada. Ada warna hitam.

안톤: 그것 좀 보여 주세요. Tolong tunjukkan yang itu.

점원: 여기 있어요. Ini barangnya.

안톤: 입어 봐도 돼요? Boleh dicoba kan?

점원: 그럼요. Silahkan.

〈옷을 갈아입은 후〉 (Setelah berganti baju)

점원: 마음에 들어요? Bagaimana?

안톤: 네, 마음에 들어요. 이걸로 주세요.

Iya saya suka yang ini. Tolong berikan yang ini.

어휘 및 표현

어서	cepat / segera	주다	memberi
찾다	mencari	어서 오세요.	Silahkan masuk
바지	celana jean	뭘 찾으세요?	Ingin mencari apa?
색깔	warna	마음에 들다	Berkenan di hati
마음	hati	그럼요.	Baiklah / silahkan
검은 색	warna hitam		

덤

교환과 환불

보통 백화점에서 쇼핑을 한 후에 교환이나 환불을 하려면 구입한 날부터 7-14일 이내에 해야 합니다. 그리고 교환, 환불을 할 때는 반드시 영수증이 있어야 합니다. 가게마다 교환, 환불 조건이 다르므로, 물건을 살 때는 꼼꼼히 살펴보고 교환, 환불 기간을 확인하는 것이 좋습니다.

Tatabahasa 문법

1. V아/어/여도 돼요?

Pemakaian '–어/아/여도 돼요?' dalam kata kerja mempunyai makna meminta ijin dari orang yang diajak berbicara

Jika ada 'ㅏ, ㅗ' di dalam kata kerja diubah menjadi '–아도 돼요?' 를 Vokal selain 'ㅏ, ㅗ', diubah menjadi '–어도 돼요?' Untuk kata kerja menggunakan'하다', diubah menjadi '–여도 돼요?'

ㅗ, ㅏ	가다 pergi	가/ + 아도 돼요?	→	가도 돼요?
	보다 melihat	보/ + 아도 돼요?	→	봐도 돼요?
	받다	받/ +아도 돼요?	→	받아도 돼요?
ㅗ, ㅏ 제외한 모음 (ㅜ, ㅓ, ㅡ, ㅣ…)	먹다 makan	먹/ +어도 돼요?	→	먹어도 돼요?
	주다 memberi	주/ +어도 돼요?	→	줘도 돼요?
	벗다 melepas	벗/ +어도 돼요?	→	벗어도 돼요?
'하다' 동사	사용하다 memakai	사용하/ + 여도 돼요?	→	사용해도 돼요?
	요리하다 memasak	요리하/ + 여도 돼요?	→	요리해도 돼요?
	구경하다	구경하/+여도 돼요?	→	구경해도 돼요?

The listener may respond with '네, V아/어/여도 돼요.' or '아니요, V(으)면 안 돼요.'

예

- 안톤: 선생님, 지금 화장실에 가도 돼요? Pak, boleh ke kamar kecil sekarang?
  선생님: 네, 가도 돼요. Iya, silahkan pergi.
  아니요, 가면 안 돼요. Tidak, tidak boleh pergi.
- 유진: 여기에서 전화해도 돼요? Boleh menelepon di sini?
  안톤: 네, 전화해도 돼요. Iya, boleh menelepon di sini.
  아니요, 전화하면 안 돼요. Tidak, tidak boleh menelepon.
- 안톤: 해운대에서 수영해도 돼요?
  유신: 네, 수영해도 돼요.
- 유진: 극장에서 사신을 씩어도 돼요?
  선생님: 아니요. 극장에서 사진을 찍으면 안 돼요.

Latihan Tatabahasa 문법 연습 ⓫

1. 【보기】에서 그림에 맞는 표현을 고르세요.

보기

① 빵을 먹다.

가 : 먹어도 돼요?

나 : 네, 먹어도 돼요.

아니요, 먹으면 안 돼요.

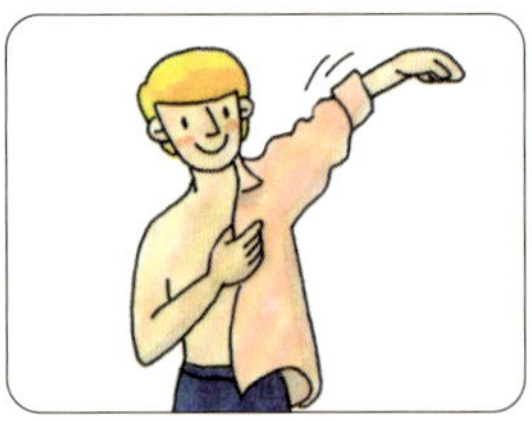

② 옷을 입다.

가 : ____________________

나 : ____________________

____

③ 옷을 벗다.

가 : ____________________

나 : ____________________

____

④ 사진을 보다.

가 : ____________________

나 : ____________________

____

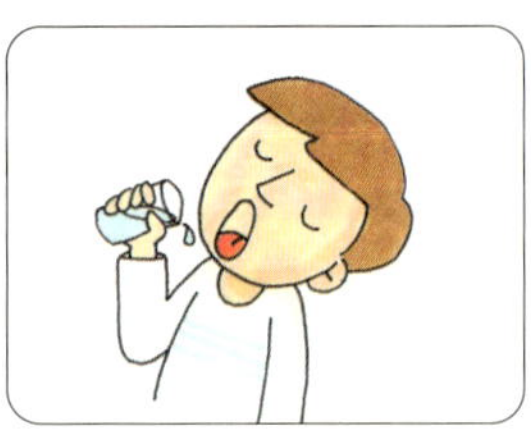

⑤ 물을 마시다.

가 : ____________________

나 : ____________________

____

Kosakata & Ekspresi 어휘 & 표현 ⑪

1. 반대말을 연결하세요. 그리고 대화를 완성하세요.

① 맛없다 •	• 크다
② 짧다 •	• 싸다
③ 작다 •	• 맛있다
④ 비싸다 •	• 길다

㉠ 가 : 삼겹살이 맛있어요? 나 : 아니요, 맛없어요.

㉡ 가 : 바지가 짧아요? 나 : 아니요, ______

㉢ 가 : 옷이 커요? 나 : 아니요, ______

㉣ 가 : 모자가 비싸요? 나 : 아니요, ______

2. 【보기】에서 그림에 맞는 표현을 고르세요. 그리고 아래와 같이 활용해 보세요.

보기 • 쇼핑가다 • 구경하다 • 옷값을 깎다

① 쇼핑가다. ⇨ 쇼핑가요.

② ______ ⇨ ______

③ ______ ⇨ ______

Kata sopan

제12과 높임말

Daftar kosakata 그림사전

명사 Kata benda

나이	umur
댁	rumah (kata sopan)
밥	nasi
생신	ulang tahun (kata sopan)
생일	ulang tahun
연세	umur (kata sopan)
진지	nasi (kata sopan)
집	rumah

동사 Kata kerja

계시다	ada
드리다	memberi
드시다	makan
말씀하시다	berbicara
잡수시다	makan (tingkat lebih sopan)
주무시다	tidur

형용사 Kata sifat

편찮으시다	tidak apa-apa

먹다

있다

자다

드시다 / 잡수시다

계시다

주무시다

말하다

아프다

주다

말씀하시다

편찮으시다

드리다

Dialog 대화

다음 주 월요일은 어머니 생신이에요.
Senin minggu depan ulang tahun ibu saya.

우리 가족은 아버지, 어머니, 형, 그리고 저 이렇게 모두 4명이에요.

Dalam keluarga saya terdiri dari 4 orang, yaitu ayah, ibu, kakak laki-laki dan saya.

아버지하고 어머니께서는 인도네시아에 계세요. Ayah dan ibu ada di Indonesia.

아버지께서는 회사에 다니세요. Ayah bekerja di perusahaan.

어머니께서는 선생님이세요. Ibu saya seorang guru.

형은 미국에 있어요.

미국에서 대학교에 다녀요.

Kakak saya ada di Amerika.

Dia mengambil kuliah di sana.

다음 주 월요일은 어머니 생신이에요.

Senin minggu depan ulang tahun ibu saya.

저는 어머니께 선물을 드리고 싶어요. 인삼을 살 거예요.

Saya ingin memberi hadiah untuk ibu saya. Saya ingin membeli ginseng.

어휘 및 표현

가족	Keluarga	생신	ulang tahun (kata sopan)
어머니	Ibu	선물	hadiah
아버지	Ayah	드리다	memberi (kata sopan)
형	Kakak laki-laki	인삼	ginseng
이렇게	begini	N에 다니다	Menghadiri / ikut / bekerja di N
모두	semua		
회사	perusahaan		

덤

반말

한국어에는 웃어른에게 사용하는 높임말도 있지만, 아주 친한 친구에게 사용하는 반말도 있습니다. 예를 들어, 나이가 같은 친한 친구에게는 "어디에 가요?" 대신 "어디에 가?", "많이 드세요." 대신 "많이 먹어.", "집에 갑시다." 대신 "집에 가자." 등 반말을 사용할 수 있습니다.

이름을 부를 때도 "OO 씨!"가 아니라 "OO아!" 또는 "OO야!"로 불러야 합니다.

Tatabahasa 문법

1. N께서 V · A(으)세요 / N께서 V · A(으)십니다

Kata sopan dariadalah '–이/가 –아/어/여요'. Untuk partikel '–이/가' diubah menjadi '–께서 dan dalam kalimat menggunakan bentuk '–(으)세요'. '–(으)세요'adalah bentuk tidak resmi, dan bentuk resminya adalah '(으)십니다'. Khusus untuk '있다, 먹다, 자다' bentuk kata sopannya adalah '계시다, 드시다/잡수시다, 주무시다'.

동사	비격식체 높임말	격식체 높임말
읽다 Membaca	읽으세요	읽으십니다
보다 Melihat	보세요	보십니다
크다 Besar	크세요	크십니다
※있다 Ada	계세요	계십니다
※먹다 Makan	드세요 / 잡수세요	드십니다 / 잡수십니다
※자다 Tidur	주무세요	주무십니다

예
- 아버지께서 신문을 읽으세요/읽으십니다. Ayah membaca koran.
- 어머니께서 텔레비전을 보세요/보십니다. Ibu menonton televisi.
- 선생님께서 키가 크세요/크십니다. Ibu / Pa Guru tinggi.
- 할아버지께서 방에서 주무세요/주무십니다. Kakek tidur di kamar.

2. 명사 높임말

Kate bendu beeikut lni memilikl bentuk sopan khusus.

명사 Kata benda	높임말 Kata sopan
집 Rumah	댁 Rumah
밥 Nasi	진지 Nasi
생일 Ulang tahun	생신 Ulang tahun
나이 Umur / usia	연세 Umur / usia

예
- 선생님께서 댁에 안 계세요. Pak/ Bu guru tidak ada di rumah.
- 아버지께서 진지를 드세요. Ayah makan nasi.
- 할머니께서 연세가 많으세요. Nenek sudah berusia lanjut.

Latihan Tatabahasa 문법 연습 ⑫

1. 알맞은 말을 고르세요.

① 할아버지께서 병원에 (가요. / 가세요.)

② 친구는 학교에서 한국어를 (공부해요. / 공부하세요.)

③ 동생은 책을 (읽어요. / 읽으세요.)

④ 아버지께서 회사에 (다녀요. / 다니세요.)

⑤ 어머니께서 텔레비전을 (봐요. / 보세요.)

2. 알맞은 말을 쓰세요.

	현재 : ~(으)세요	과거 : ~(으)셨어요
가다	가세요	가셨어요
오다		
읽다		
앉다		
공부하다		

Kosakata & Ekspresi 어휘 & 표현 ⑫

1. 【보기】에서 단어를 연결하고 쓰세요.

보기

먹다	말하다	주다
있다	편찮으시다	드리다
주무시다	드시다	계시다
말씀하시다	자다	아프다

① 먹다 / 드시다
② ______
③ ______
④ ______
⑤ ______
⑥ ______

2. 【보기】에서 단어를 연결하고 쓰세요.

보기

나이	밥
집	연세
진지	생신
생일	댁

① 나이 / 연세
② ______
③ ______
④ ______

신나라 부경 한국어

마늘과 양파
BAWANG PUTIH DAN BAWANG MERAH

BAWANG PUTIH DAN BAWANG MERAH

마늘과 양파

Jaman dahulu kala di sebuah desa tinggal sebuah keluarga yang terdiri dari. Ayah, Ibu dan seorang gadis remaja yang cantik bernama Bawang putih. Mereka adalah keluarga yang bahagia. Meski ayah Bawang putih hanya pedagang biasa, mereka hidup rukun dan damai. Suatu hari ibu Bawang putih sakit keras dan tak lama ia meninggal dunia. Bawang putih sangat berduka demikian pula ayahnya.

아주 먼 옛날, 작은 마을에 '마늘(Bawang Putih)'이라는 예쁜 소녀가 부모님과 함께 살고 있었다. 이들은 가난했지만 화목하게 살았다. 그러던 어느 날, 마늘의 엄마는 병을 얻었고, 오랫동안 병석에 누워 있다가 결국 죽고 말았다. 마늘과 마늘의 아빠는 가슴이 찢어질듯이 아팠다.

Di desa itu tinggal pula seorang janda yang memiliki anak bernama Bawang Merah. Semenjak ibu Bawang putih meninggal, ibu Bawang merah sering berkunjung ke rumah Bawang putih. Dia sering membawakan makanan, membantu bawang putih membereskan rumah atau hanya menemani Bawang Putih dan ayahnya mengobrol. Akhirnya ayah Bawang putih berpikir bahwa mungkin lebih baik kalau ia menikahi saja ibu Bawang merah supaya Bawang putih tidak kesepian lagi.

같은 마을에 '양파(Bawang Merah)' 라는 딸과 함께 사는 과부가 한 명 있었다. 마늘의 엄마가 돌아가신 후, 양파의 엄마는 종종 마늘에게 음식을 갖다 주고, 집을 정리해 주기도 하고, 마늘과 마늘 아빠의 말동무가 되어 주기도 하였다. 그러다가 마늘의 아빠는 양파 엄마와 결혼하게 되었다.

Mulanya ibu Bawang merah dan Bawang merah sangat baik kepada Bawang putih. Lama-lama sifat asli mereka mulai kelihatan. Mereka kerap memarahi bawang putih dan memberinya pekerjaan berat jika ayah Bawang Putih sedang pergi berdagang. Bawang putih harus mengerjakan semua pekerjaan rumah, sementara Bawang merah dan ibunya hanya duduk-duduk saja. Tentu saja ayah Bawang putih tidak mengetahuinya, karena Bawang putih tidak pernah menceritakannya.

양파 엄마와 양파는 처음에는 마늘에게 무척 잘 대해주었다. 그러나 시간이 지나자 점점 본색을 드러내었고 아빠가 집에 안 계실 때면 마늘을 구박하고 힘든 일을 시키곤 하였다. 마늘은 혼자서 집안일을 다 할 수밖에 없었지만 결코 아빠에게 말하지 않았다.

Mungkin karena terlalu keras bekerja, ayah Bawang putih jatuh sakit dan kemudian meninggal dunia. Sejak saat itu Bawang merah dan ibunya semakin berkuasa. Bawang putih diperlakukan dengan semena-mena. Ia hampir-hampir tidak pernah beristirahat. Sebelum subuh ia sudah harus bangun untuk mempersiapkan air mandi dan sarapan. Kemudian memberi makan ternak, menyirami kebun dan mencuci baju ke sungai. Lalu dia masih harus menyetrika, membereskan rumah, dan masih banyak pekerjaan lainnya. Bawang putih tak pernah sedikitpun mengeluh. Ia selalu melakukan pekerjaannya dengan gembira. Ia sangat berharap suatu saat ibu tirinya akan mencintainya seperti anak kandungnya sendiri.

마늘의 아빠는 고된 일 탓이었는지 병에 걸렸고 곧 세상을 떠났다. 아빠가 돌아가신 후 계모의 구박은 더욱 심해졌고, 마늘은 쉴 틈이 없었다. 마늘은 날이 밝기도 전에 일어나 물을 긷고 아침을 준비해야 했다. 그리고 가축을 돌보고, 정원에 물을 주고, 강에서 빨래를 해야 했다. 그러고 나서도 일은 끝이 없었다. 옷을 다리고, 집 청소를 하고 다른 할 일이 산더미 같았다. 그러나 마늘은 불평하지 않았다. 마늘은 늘 즐겁게 일하면서 언젠가는 계모가 자기를 친자식처럼 사랑해줄 것이라고 믿었다.

Pagi ini seperti biasa Bawang putih membawa bakul berisi pakaian yang akan dicucinya di sungai. Dengan bernyanyi kecil dia menyusuri jalan setapak di pinggir hutan kecil yang biasa ia lalui. Cuaca sangat cerah. Bawang putih segera mencuci semua pakaian kotor yang dibawanya. Saking terlalu asyiknya, Bawang putih tidak menyadari bahwa salah satu baju telah hanyut terbawa arus. Celakanya baju yang hanyut adalah baju kesayangan ibu tirinya. Saat menyadarinya, baju itu telah hanyut terlalu jauh. Ia mencoba menyusuri sungai untuk mencarinya, namun tidak berhasil menemukannya. Dengan putus asa dia kembali ke rumah untuk melaporkannya.

"Dasar ceroboh!" bentak ibu tirinya. "Aku tidak mau tahu, pokoknya kamu harus mencari baju itu! Dan jangan berani pulang ke rumah kalau kau belum menemukannya. Mengerti?"

어느 화창한 날 아침, 마늘은 강에 빨래를 하러 갔다. 그런데 노래를 부르며 즐겁게 일을 하던 중, 그만 계모가 아끼는 옷이 강물에 떠내려가 버렸다. 마늘은 강을 따라 내려갔지만 옷을 찾을 수 없었다. 결국 마늘은 절망하여 집으로 돌아와 이 사실을 계모에게 알렸다. 계모는 '바보 같은 계집애!' 라며 마늘을 때리면서 옷을 찾을 때까지 집에 돌아올 생각도 하지 말라고 했다.

Bawang putih kembali menyusuri sungai tempatnya mencuci tadi. Matahari sudah mulai meninggi, namun Bawang putih belum juga menemukan baju ibunya. Ia memasang matanya, dengan teliti diperiksanya setiap juluran akar yang menjorok ke sungai, siapa tahu baju ibunya tersangkut disana. Ketika matahari sudah condong ke barat, ia bertemu dengan seorang penggembala yang sedang memandikan kerbaunya.

"Wahai paman yang baik, apakah paman melihat baju merah yang hanyut lewat sini?" tanya Bawang putih.

"Oh tadi saya lihat nak. Kalau kamu mengejarnya cepat-cepat, mungkin kau bisa mengejarnya," jawabnya.

"Baiklah paman, terima kasih!"

Bawang putih segera berlari menyusuri tepi sungai.

마늘은 옷을 찾기 위해 다시 빨래터로 돌아갔다. 그녀는 강가를 샅샅이 찾아보았다. 해가 뉘엿뉘엿 서쪽으로 넘어갈 무렵, 그녀는 양을 씻기고 있는 양치기를 만났다.

"실례합니다. 혹시 물에 떠내려 온 빨간 옷을 못 보셨나요?"

"네, 봤어요. 서둘러 가면 옷을 찾을 수 있을 거예요."

"감사합니다!"

마늘은 서둘러 강을 따라 내려가기 시작했다.

Hari sudah mulai gelap, Bawang putih sudah mulai putus asa. Sebentar lagi malam akan tiba. Dari kejauhan tampak cahaya lampu yang berasal dari sebuah. Bawang putih menghampirinya. Ia mengetuknya pelan-pelan.

"Permisi...!"

Seorang perempuan tua membuka pintu.

"Siapa kamu nak?" tanyanya.

"Saya Bawang putih nek. Tadi saya sedang mencari baju ibu saya yang hanyut. Dan sekarang kemalaman. Bolehkah saya tinggal di sini malam ini?" pinta Bawang putih.

"Boleh nak. Apakah baju yang kau cari berwarna merah?" tanya nenek.

"Iya nek. Apa...nenek menemukannya?" Bawang putih bertanya penuh harap.

"Ya. Tadi baju itu tersangkut di depan rumahku. Sayang, padahal aku menyukai

baju itu," kata nenek. "Baiklah aku akan mengembalikannya, tapi kau harus menemaniku dulu disini selama seminggu. Sudah lama aku tidak mengobrol dengan siapapun, bagaimana?"

Bawang putih berpikir sejenak. Nenek itu kelihatan kesepian. Ia merasa iba.

"Baiklah nek, saya akan menemani nenek selama seminggu, asal nenek tidak bosan

saja denganku," kata Bawang putih dengan tersenyum.

옷을 찾다보니 날은 점점 어두워졌다. 그때 저 멀리 희미한 불빛이 보였다. 불빛 쪽으로 다가가니 작은 집이 한 채 있었다. 마늘은 조심스럽게 문을 두드렸다.

"실례합니다. 저는 마늘이라고 하는데 물에 떠내려간 엄마 옷을 찾고 있어요."

"혹시 그 옷이 빨간색이오?"

나이 든 여자의 목소리가 들렸다.

"네! 그 옷을 보셨어요?" 마늘이 물었다.

"우리 집 앞에서 예쁜 빨간 색 옷을 하나 주웠지." 라고 여자가 말했다.

"아가씨, 옷을 돌려줄 테니 내 부탁을 하나만 들어 주시오. 내가 외로워서 그러니 아가씨가 여기서 나와 일주일간 머물러 주구려."

"네, 할머니가 지겨워질 때까지 제가 함께 있으면서 일을 도와드릴게요."

Selama seminggu Bawang putih tinggal dengan nenek tersebut. Setiap hari Bawang putih membantu mengerjakan pekerjaan rumah nenek. Rumah nenek yang berantakan menjadi rapi. Perabotan menjadi berkilau. Makanan pun selalu tersaji tepat pada waktunya. Tentu saja nenek itu merasa senang.

마늘은 일주일간 할머니와 함께 지내면서 매일 집안일을 했다. 집은 깨끗하게 정리가 되었고, 바닥은 반짝반짝 윤이 났다. 그리고 식사 때면 항상 맛있는 음식을 차렸다. 할머니는 매우 기뻐했다.

Genap sudah seminggu, nenek memanggil bawang putih.

"Nak, kau sudah menepati janjimu. Aku senang bertemu anak yang rajin dan berbakti sepertimu. Untuk itu sesuai janjiku kau boleh membawa baju ibumu pulang. Satu lagi, kau boleh memilih satu dari dua labu kuning ini sebagai hadiah!" kata nenek.

Mulanya Bawang putih menolak diberi hadiah. Setelah nenek memaksanya, Bawang putih memilih labu yang paling kecil.

"Saya takut tidak kuat membawanya," katanya.

Nenek pun tersenyum. Ia mengantarkan Bawang putih hingga depan rumah.

약속했던 일주일이 지나고, 할머니는 마늘에게 말했다. "아가씨, 당신이 나와의 약속을 지켰구려. 젊은 사람이 이렇게 부지런하다니. 내 약속대로 엄마의 옷을 돌려주리다. 그리고 내가 선물로 호박을 하나 줄 테니, 이 둘 중에 하나를 골라보시오."

마늘은 처음엔 괜찮다고 하였으나 할머니의 뜻을 거절할 수 없어 결국 둘 중 작은 호박을 골라 감사의 인사를 하고 떠났다.

Singkatnya Bawang putih tiba di rumahnya. Setelah menyerahkan baju merah milik ibu tirinya, ia pergi ke dapur untuk membelah labu kuningnya. Alangkah terkejutnya ia saat labu itu terbelah. Didalamnya ternyata berisi emas permata yang sangat banyak. Ia berteriak saking gembiranya. Ibu tirinya dan bawang merah berlarian ke dapur mendengar teriakan Bawang putih. Mereka terpana menyaksikan kilauan permata di tangan Bawang putih. Dengan serakah direbutnya emas dan permata tersebut. Mereka memaksa bawang putih untuk menceritakan bagaimana dia bisa mendapatkan hadiah tersebut. Bawang putih pun menceritakan dengan sejujurnya.

Bawang merah dan ibunya gemas ingin mendapatkan permata yang lebih banyak lagi. Mereka berencana untuk melakukan hal yang sama, tapi kali ini Bawang merah yang akan pergi.

마늘은 집으로 돌아와 옷을 계모에게 돌려주었다. 마늘은 부엌으로 가서 호박을 잘라보았다. 그런데, 이게 웬일인가? 호박 속에는 금으로 된 장신구들이 들어 있었다. 마늘은 놀라움에 소리를 질렀고 계모와 새언니가 부엌으로 달려왔다. 욕심 많은 계모와 새언니는 장신구들을 모두 빼앗았다. 그 많은 장신구를 다 빼앗고도 성이 차지 않은 계모와 새언니는 금을 더 얻기 위해 마늘이 갔던 빨래터에 가 보기로 했다.

Bawang merah tiba di rumah nenek tua sore harinya. Seperti kepada Bawang putih, Bawang merah diminta untuk menemaninya selama seminggu. Selama seminggu itu Bawang merah hanya bermalas-malasan saja. Kalaupun ada yang dikerjakan, hasilnya tidak pernah bagus karena selalu dikerjakan dengan asal-asalan.

Setelah seminggu nenek membolehkan Bawang merah untuk pergi.

"Mana labu hadiahku?" tanya bawang merah.

그날 오후 마늘의 새언니인 양파는 옷을 일부러 떠내려가게 하고 할머니의 집을 찾아갔다. 할머니는 마늘에게 했던 대로 양파에게도 일주일간 머물러 달라고 부탁했다. 일주일동안 양파는 빈둥거리기만 했다. 그리고 그 집에 머문 지 일주일째 되던 날, 양파는 할머니에게 상으로 호박을 달라고 말했다.

Nenek mengerutkan dahinya. Ia muak melihat kelakuan Bawang merah. Tapi ia terpaksa menyuruh bawang merah memilih salah satu dari dua labu yang ia punya.

Dengan cepat bawang merah mengambil labu yang besar lalu tanpa mengucapkan terima kasih dia melenggang pergi.

할머니는 얼굴을 찡그리며 호박 둘 중에 하나를 골라보라고 이야기했다. 양파는 얼른 더 큰 호박을 골라, 고맙다는 인사도 하지 않고 집으로 돌아왔다.

Bawang merah berseru memanggil ibunya begitu ia sampai di halaman. Dengan gembira ia memperlihatkan labu yang dibawanya. Karena takut Bawang putih akan meminta bagian, mereka menyuruh Bawang putih untuk pergi ke sungai. Dengan

tidak sabar dibelahnya labu tersebut.

기뻐하며 집으로 돌아온 양파는 엄마에게 호박을 보여줬다. 혹시라도 마늘이 자기들의 금을 가져갈까봐 걱정된 계모와 양파는 마늘을 강으로 보낸 뒤 호박을 잘라 봤다.

"Aaaaaa...!"

Serentak mereka berteriak. Ternyata bukan emas permata yang keluar dari labu

tersebut, melainkan binatang-binatang berbisa seperti ular, kalajengk-ing, dan lain-lain. Binatang-binatang itu langsung menyerang Bawang merah dan ibunya hingga tewas. Itulah balasan bagi orang yang serakah.

"아!" 계모와 양파는 소리를 질렀다. 호박 속에는 금 장신구는커녕 독사와 전갈이 가득 차 있었다. 결국 욕심 많은 계모와 양파는 독사와 전갈에 물려 죽고 말았다.

신나라

부경 한국어

연습문제_정답
soal latihan_jawaban

연습문제 정답 Exercise_Answer

1과

문법연습

1. ① 이것은 사진이에요 ② 이것은 지도예요
   ③ 이 사람은 회사원이에요 ④ 이 사람은 의사예요

2. ① 그것은 책상이 아니에요
   ② 그것은 의자가 아니에요
   ③ 그 사람은 학생이 아니에요
   ④ 그 사람은 친구가 아니에요

3. ① 의사가 아니에요. 학생이에요
   ② 선생님이 아니에요. 가수예요

어휘 & 표현

1. ② 지도 ③ 여권 ④ 책

2. ① 이름이 뭐예요? ② 어디에서 왔어요?
   ③ 어디에 살아요? ④ 만나서 반가워요.

2과

문법연습

1. ② 가 ③ 를 ④ 은 ⑤ 을

2. ② 저것이 ③ 이것이 ④ 그것이

어휘 & 표현

1. ② 책(X) ③ 휴대폰(O) ④ 전자사전(O)
   ⑤ 교통카드(X) ⑥ 창문(O) ⑦ 휴지(X) ⑧ 문(O)

2. ① 손 ② 입 ③ 눈 ④ 팔꿈치 ⑤ 다리

3. ① 어디 ② 뭐

3과

문법연습

1. ② 수강 신청을 해요. ③ 도서관에 와요.
   ④ 저는 학생이에요. ⑤ 이것은 책이 아니에요.

2. ② 공부 안 해요. 밥을 먹어요.
   ③ 입학 안 해요. 졸업해요.
   ④ 숙제를 안 내요. 성적표를 받아요.

어휘 & 표현

1. ① 입학을 – 하다 ② 학비를 – 내다
   ③ 시험을 – 보다 ④ 동아리에 – 들다

2. ② 학교 ③ 사무실 ④ 식당 ⑤ 은행 ⑥ 교실

4과

문법연습

1. ② 한 병 ③ 네 잔 ④ 열 개
   ⑤ 다섯 마리 ⑥ 여덟 대

2. ② 시, 이십칠 ③ 백팔십 ④ 칠십

3. ② 서른 ③ 열다섯 ④ 여섯

어휘 & 표현

1. ② 이천구년 유월 육일이에요
   ③ 이천육년 십이월 십사일이에요
   ④ 이천십년 시월 십일이에요

2. ① 유월, 구월, 시월 ② 둘, 셋, 여섯, 여덟

3. ① 몇 월 며칠이에요? ② 언제예요?
   ③ 무엇을 해요?

5과

문법연습

1. ② 공부했어요 ③ 마셨어요 ④ 배웠어요
   ⑤ 먹었어요 ⑥ 웃었어요

2. ② 친구를 만났어요 ③ 인터넷을 했어요

어휘 & 표현

1. ② 세수를 하다 ③ 샤워를 하다
   ④ 인터넷을 하다 ⑤ 친구를 만나다 ⑥ 이를 닦다

2. ② 1일부터 4일까지 비가 왔어요
   ③ 아침부터 밤까지 공부를 했어요

6과

문법연습

1. ② 기다리세요 ③ 타세요 ④ 앉으세요 ⑤ 잡으세요

2. ② 기다리지 마세요 ③ 타지 마세요
   ④ 앉지 마세요 ⑤ 잡지 마세요

3. ② 읽으세요
   ④ 영어로 말하지 마세요 ⑤ 책을 보지 마세요

어휘 & 표현

1. ② 줄을 서다 ③ 버스를 타다
   ④ 버스에서 내리다 ⑤ 벨을 누르다

연습문제 정답 Exercise_Answer

7과

문법연습

1. ② 만날까요? ③ 먹을까요? ④ 볼까요? ⑤ 읽을까요?

2. ② 만납시다 ③ 먹읍시다 ④ 봅시다 ⑤ 읽읍시다

3. ② 공부할까요? ③ 의자에 앉을까요?

어휘 & 표현

1. ① 거기 안톤 씨 집이지요? ② 안톤 씨 좀 바꿔 주세요.
   ③ 다시 전화할게요.

2. ② 울리다 ③ 누르다

8과

문법연습

1. ② 읽었어요, 읽을 거예요 ③ 했어요, 할 거예요
   ④ 먹었어요, 먹을 거예요
   ⑤ 입었어요, 입을 거예요 ⑥ 샀어요, 살 거예요

2. ② 토요일에 찜질방에 안 갈 거예요
   ③ 일요일에 등산을 안 할 거예요
   ④ 수요일에 청소를 안 할 거예요

어휘 & 표현

1. ① 오, 팔, 구 ② 어제, 오늘 ③ 셋, 넷, 일곱, 여덟
   ④ 수요일, 금요일, 토요일

2. ② 사진을 찍을 거예요 ③ 빨래를 할 거예요
   ④ 여행을 갈 거예요

9과

문법연습

1. ② 안톤 씨는 인도네시아 사람이고 유진 씨는 한국 사람이에요
   ③ 피가 나고 멍이 들었어요
   ④ 안톤 씨는 춤을 추고 유진 씨는 노래를 불러요

2. ② 듣고 점심을 먹어요
   ③ 점심을 먹고 도서관에서 책을 읽어요
   ④ 집에 돌아가요

어휘 & 표현

1. ② – ⓜ ③ – ㉠ ④ – ㉢ ⑤ – ㉣

2. ② 나다 ③ 나다 ④ 나다

10과

문법연습

1. ② 밥을 먹고 싶어요 ③ 선물을 받고 싶어요

2. ② 책을 읽고 싶어요 ③ 버스에서 내리고 싶어요
   ④ 자리에 앉고 싶어요 ⑤ 운동을 하고 싶어요

어휘 & 표현

1. ② – ㉤ ③ – ㉣ ④ – ㉢ ⑤ – ㉠

2. ② 젓가락하고 숟가락이 있어요
   ③ 그릇하고 접시가 있어요

11과

문법연습

1. ② 옷을 입어도 돼요? 네, 입어도 돼요. 아니요,
   입으면 안 돼요.
   ③ 옷을 벗어도 돼요? 네, 벗어도 돼요. 아니요,
   벗으면 안 돼요.
   ④ 사진을 봐도 돼요? 네, 봐도 돼요. 아니요,
   보면 안 돼요.
   ⑤ 물을 마셔도 돼요? 네, 마셔도 돼요. 아니요,
   마시면 안 돼요.

어휘 & 표현

1. 짧다 – 길다, 작다 – 크다, 비싸다 – 싸다
   ② 길어요 ③ 작아요 ④ 싸요

2. ② 옷값을 깎다 →옷값을 깎아요
   ③ 구경하다 → 구경해요

12과

문법연습

1. ① 가세요 ② 공부해요 ③ 읽어요
   ④ 다니세요 ⑤ 보세요

2. ② 오세요, 오셨어요 ③ 읽으세요, 읽으셨어요
   ④ 앉으세요, 앉으셨어요
   ⑤ 공부하세요, 공부하셨어요

어휘 & 표현

1. ② 말하다 / 말씀하시다 ③ 주다 / 드리다
   ④ 있다 / 계시다 ⑤ 아프다 / 편찮으시다
   ⑥ 자다 / 주무시다
2. ② 밥 / 진지 ③ 집 / 댁 ④ 생일 / 생신

신나라 부경한국어 | Indonesian

발행일 | 2011년 2월 10일
지은이 | 채영희
삽 화 | 김민표 (하늘디자인 · 기획)
발행처 | 부경대학교 출판부

디자인 · 제작 | 하늘디자인 · 기획 051)611-3969

인 쇄 | 우성정판인쇄소
제 본 | 선우제본

가 격 | 14,000원